VILLES D'HIVER

ET

BAINS DE MER

DE LA

CORNICHE FRANCO-ITALIENNE

VILLES D'HIVER

ET

BAINS DE MER

DE LA

CORNICHE FRANCO-ITALIENNE

PAR

Le Dʳ A. LABAT

Ex-Président de la Société d'hydrologie de Paris
et membre de la Société d'hydrologie de Madrid, Turin,
de la Société géologique de France, etc.
Membre de la Société météorologique
Membre de la Société de médecine de Belgique

PARIS

LIBRAIRIE J.-B. BAILLIÈRE

19, RUE HAUTEFEUILLE

—

1898

LE VOYAGE

Mon premier voyage à Toulon remonte à 1844 : on allait en diligence jusqu'à Châlons ; en bateau jusqu'à Lyon ; en bateau jusqu'à Avignon, etc. Le parcours était long malgré la descente rapide du Rhône ; mais rien n'était perdu de la majesté de ses rives.

En 1856 le chemin de fer me conduisait à Marseille, moins rapidement qu'aujourd'hui, et la route de poste à Cannes par Aubagne, le Luc, Vidauban et l'Esterel. Pour Hyères, la route de Marseille à Toulon par les gorges d'Ollioules.

Plus tard, les trains rapides de Paris-Marseille m'ont rendu le voyage plus facile. Ce fut d'abord 16 heures, puis 14, enfin 13 ; départ de Paris 9 h. 25, arrivée 10 h. 25 du soir ; en plein hiver, les trains bondés, toujours du retard. Retour de Marseille 9 heures, arrivée 10 heures du soir. Les W. restaurants, à couloir, facilitent singulièrement le long trajet aux valétudinaires.

Le petit nombre d'arrêts explique la rapidité. A ceux que le temps ne presse pas, je conseille de couper la route, de façon à jouir du magnifique parcours des rives du Rhône. A ceux qui ne regardent pas de trop près aux frais accessoires et qui veulent éviter la fatigue de déplacements multiples, j'indique Avignon comme centre. De là, par billets d'aller et retour, ils visiteront la fontaine de Vaucluse, le théâtre romain à Orange, les arènes d'Arles, celles de Nîmes ; Beaucaire et Tarascon pour y admirer, en un jour de fête, les belles filles en costume, spécimen de l'antique Grèce.

Le théâtre d'Orange est plus complet que ceux d'Italie à Herculanum, à Pompéi, à Taormine. Les arènes d'Arles qui se voient du chemin de fer, n'ont de remarquable que leurs substructions comme celles de Pouzzoles et de Capoue. A Nîmes, au contraire, l'amphithéâtre romain est mieux conservé que le Colisée, en dépit de sa brèche; nombre de gradins sont intacts et les vomitoires bien dessinés. La Maison-Carrée est un petit bijou architectural. Autre merveille antique : les bains de Diane aux colonnettes légères et aux fines sculptures. Aux environs, le pont du Gard, le plus beau reste d'aqueduc romain. Notre siècle a fait plus grand à Roquefavour.

Un voyage plus complet consiste à prendre des billets circulaires : aller par le P.-L.-M. et retour par le Midi et l'Orléans; arrêts à Nîmes. Montpellier, Cette, Narbonne, Carcassonne, Toulouse, Bordeaux.

Nous avons dit un mot des antiquités romaines de Nîmes; Narbonne, l'ancienne capitale de la Gaule Narbonnaise, n'est pas aussi riche. Quant à Carcassonne, la ville haute avec sa double enceinte, ses énormes tours (tours des Visigoths, des Sarrasins), etc., ses chemins de ronde, est un type bien conservé des villes fortes du moyen âge. Les deux tours d'entrée, à toit conique, sont vraiment imposantes.

Avignon est encore un type moyen âge que l'on visitera soit à l'aller, soit au retour : ses remparts crénelés, ses tours aux formes bizarres, ses portes sculptées méritent l'attention ainsi que ses maisons anciennes. Le Palais des Papes, aujourd'hui caserne, crénelé à la mauresque, est un édifice lourd et dont les grands arceaux et les pilastres rappellent l'architecture de la décadence romaine. Le séminaire style vénitien.

Du jardin du rocher, point culminant, la vue se promène sur la ville (rive gauche du Rhône), sur la tour de Philippe-le-Bel (rive droite); sur le fameux pont coupé, sur le mont Ventoux, N.-E.; sur les rochers de l'ouest. C'est un des beaux panoramas du Midi.

Montpellier est la grande ville médicale du Midi; depuis longtemps en décadence, elle vit de ses glorieux souvenirs; la salle d'examen est ornée des portraits de cette pléiade de professeurs qui furent les apôtres de l'idée médicale. Les vieux bâtiments de la Faculté et de l'hôpital respirent la mélancolie.

Il faut aller se consoler au musée riche en Raphaels, P. Véronèses, Titien, Rubens, Téniers, Greuze, etc.

Montpellier est la seule ville de ces régions qui ait mérité le nom d'hivernale. Vieille renommée appuyée sur l'autorité du célèbre Lallemand et soutenue par les médecins allemands et anglais; ces derniers ont prodigué le nom de Montpellier à tous leurs endroits abrités. Longet hiverna au pavillon de l'hôtel Nivet; aujourd'hui on n'y va plus. Clark avait déjà réagi (M. *little deserves the reputation which it longs enjoyed*). La latitude entre 43° et 44° serait favorable; la moyenne annuelle, 13-14°, n'est pas trop basse. D'autre part, les maxima et les minima en font un climat extrême; en outre, vents aigres du nord en hiver et au printemps. Pour ma part, je puis témoigner de la violence du mistral au jardin du Pérou, qui domine, il est vrai, de 50 mètres. Il était vif aussi sur l'Esplanade. Au N.-O., les monts Garrigues ne sont pas un abri immédiat. Le voisinage des étangs au S.-E. est un inconvénient.

Ce caractère de climat extrême s'applique à toutes les villes du bassin du Rhône et des bassins secondaires de l'Hérault, de l'Aude, jusqu'aux affluents orientaux de la Garonne. J'ai subi bien souvent, en hiver, les atteintes du mistral : en décembre 1883, il souffla durant plusieurs jours avec une intensité féroce, particulièrement à Avignon où nos chevaux ne pouvaient avancer; à Nîmes où je dus me blottir dans un coin des arènes; au pont du Gard où l'auberge me fournit un refuge. Tous les ruisseaux étaient gelés. En janvier, à Carcassonne, impossible de sortir de l'hôtel.

Il suit de là que ces villes du Rhône très méridionales, très ensoleillées l'hiver par des temps calmes, sont presque inhabitables durant ces bourrasques. D'autre part, les étés y sont plus chauds qu'en Provence et le thermomètre dépasse aisément 35°. Les chaleurs caniculaires m'ont rappelé celles de l'Andalousie, un peu moindres il faut l'avouer.

Sous le rapport de la nébulosité, après les brumes de Lyon et de Saint-Étienne, le ciel s'éclaircit à Valence; il est même d'autant plus clair que le N.-O. souffle plus vivement. En mars 1892, après une bourrasque de neige à Lyon, j'ai vu le ciel radieux sur le Rhône, mais la neige était tombée jusqu'à Arles et le froid pénétrant.

C'est une assez triste contrée que le littoral du golfe du Lion, de Marseille à Narbonne, la plaine caillouteuse de la Crau brûlée par un soleil implacable ou rasée par le vent qui souffle sans obstacle comme en pleine mer; les étangs de Berre, de Valcarès, de Thau; les marais de la Camargue. L'ancien port d'Aigues-Mortes, aujourd'hui loin de la mer, prouve la puissance des atterrissements depuis l'époque romaine. Voici pourquoi la source de Balaruc, quoique chaude (48° au griffon), ne fut pas connue des Romains; elle coulait dans la mer (Lyell) actuellement au bord de l'étang de Thau.

Néanmoins ces côtes si nues produisent les vins de l'Hérault, entre autres Lunel et Frontignan; les vignes ont été sauvées par l'immersion.

La nature du terrain et l'insalubrité des marais

expliquent la rareté des bonnes plages; il faut faire exception pour Cette et Palavas.

Cette : plage exposition S.-E.; sable fin, assez ferme; pente douce. Petit hospice fondé par Mme Coraly pour les scrofuleux. Salines où Balard trouva le brôme. Le 5 novembre, température de la mer : 15°.

Palavas : de Montpellier 30' en chemin de fer à travers vignes, marais et prairies marines; longue plage S.-E.; sable fin, quartzeux, pente douce, casino avec terrasses. Le 5 novembre, température de la mer : 14°.

Un caractère commun à cette région c'est l'absence d'arbres à ombre qui ne reparaissent qu'après Narbonne, entre les Corbières au sud et la montagne Noire au nord. Le soleil et les vents règnent en maîtres. Peu d'abris, des fièvres, etc. Point de refuge en hiver pour les malades.

En approchant de Marseille, le terrain change d'aspect; masses de calcaires blancs souvent à croupes arrondies, stériles ou entremêlées de pins (calcaire crétacé inférieur). C'est la Provence qui s'ouvre et, le grand tunnel de l'Estaque passé, le merveilleux panorama de Marseille.

Marseille. — Pour ne pas perdre de temps, le mieux est de descendre à l'hôtel *Terminus* (télégraphier), qui est en pleine gare. Chambres à deux lits de 8 à 12 francs suivant l'étage et l'exposition, bien meublées, bon service. Restaurant au premier et repas à prix modérés au buffet. L'exposition sur le jardin au couchant est plus saine, plus gaie. En temps de pluie, les salles de la gare servent de promenade. Les tramways se sont multipliés et les cochers sont accommodants.

Voulez-vous être au centre du mouvement? descendez aux grands hôtels de *Noailles*, de *Marseille*, du

Louvre voisins de la Cannebière. Restaurants : Maison-Dorée, Badoul, la Réserve, sur la mer.

Il y a déjà nombre d'années que la ville est bien percée de larges boulevards et de grandes rues ; une promenade en voiture de quelques heures permettra de voir le vieux port, les bassins annexes, la Cannebière, les allées de Noailles, de Meilhan, le boulevard Lieutaud transversal, le boulevard de Lonchamps tout bordé de constructions neuves, qui remonte à la cascade et au jardin zoologique ; la rue Neuve de la République, etc.

Le tour le plus intéressant est celui de la Corniche (voiture 6 francs), revenant par le jardin Borely et le Prado. Les villas se sont multipliées grâce à l'eau de la Durance.

Cette côte de la Corniche qui regarde O. et S.-O, est vivement ensoleillée après midi. Elle offre des rochers blancs, arides, coupés de vallons boisés, d'arbres verts et surmontés de villas (villa Talabot) et du restaurant de la Réserve perché magnifiquement.

Nous signalerons deux bains de mer : les Catalans et le Roucas-Blanc. — Les *Catalans* sont très suivis l'été ; il y a plusieurs centaines de cabines ; j'y ai vu quelques baigneurs fin décembre, l'eau marquant 13°. Exposition O. ; sable un peu vaseux. — L'établissement du *Roucas-Blanc* date de 1875, vaste bassin en hémi-cycle, bordé de cabines en pierre pour 200 p. Exp. S. ; sable et galets, parc assez étendu. — Source salée temp. 21° à mon instrument ; minéralisation 24 gram. Grande piscine (18 mètres sur 9), piscines de famille, baignoires, salles d'hydrothérapie (brochure Fabre). Encore une autre plage près du champ de courses et du jardin Borely regardant le sud.

Le soleil vif de la Corniche et les quelques plantes méridionales des petits vallons ne prouvent pas suffi-samment en faveur d'une ville d'hiver ; une visite à

Notre-Dame de la Garde sera probante à ce sujet. La voiture ou l'ascenseur montent à 150 mèt. ; puis un escalier conduit à la terrasse plus haute de 50 mèt. Cette terrasse autour de l'église donne le panorama complet. La ville et ses alentours sont environnés d'une bordure de hautes collines calcaires dirigées N.-S.-E., mais au N.-O. pas de protection ; le mistral se promène tout à son aise dans presque tous les quartiers. J'y suis passé plus de dix fois l'hiver et presque toujours il s'est fait sentir. Vers l'ouest c'est la mer, la rade, les îles, le château d'If, le phare du Planier.

Il suit de là que Marseille, quoique très méridionale, participe du climat rhodanien et présente une partie des inconvénients du golfe du Lion, étant à demi abritée par les contreforts des Alpes. Par intervalles seulement, c'est un bon séjour d'hiver.

De Marseille à Toulon les trains rapides mettent un peu plus d'une heure ; les trains ordinaires, plus lents, font mieux voir le pays. Jusqu'à Aubagne, villas et belles cultures ; après le tunnel de Mussaguet, c'est la mer à la Ciotat ; puis la baie de Bandol, les monts d'Ollioules, la chaîne du Faron, le bassin de la Seyne. On est en pleine Provence ; c'est la pointe méridionale qui sépare les deux golfes. Là commencent les villas d'hiver. Nous ferons précéder leur description d'un aperçu général sur cette belle contrée.

APERÇU GÉNÉRAL

Le golfe de Gênes est bordé par une bande littorale qu'on nomme la *Corniche*, plus poétiquement la Côte d'Azur. La délimitation de la partie française et de la partie italienne ressort de la géographie politique et non de la géographie naturelle. S'il y avait une distinction à faire, ce serait plutôt entre la côte Ouest et la côte Est, dont Gênes forme la clef de voûte.

Le parallèle du 43e, partant de Toulon et d'Hyères, passe au nord de la Corse et coupe la côte italienne, bien au-dessous de Florence et même de Sienne. Alassio en face de la Spezia est sous le 44e, Gênes, le sommet. entre le 44e et le 45e. C'est donc une zone assez méridionale. La question n'est pas là.

Les villes d'hiver de la Corniche, depuis Toulon jusqu'à Pise, doivent leur existence à une condition géographique spéciale, la connexion des hautes Alpes avec les sommets occidentaux de l'Apennin et le retour de cette chaîne le long de la côte italienne. Cette barrière, la plus puissante parmi les reliefs européens, fait du littoral, resserré entre elle et la mer, un climat spécial, un immense espalier où s'épanouit la végétation africaine. Les masses calcaires se dressent en murailles pour y recevoir les rayons du midi. et abritent une série de baies ouvertes dans cette direction.

Cependant tout n'est pas fermé vers le Nord et, comme dit Carrière, il faut tenir compte des caprices de la rive, la bordure protectrice s'abaissant ou s'aplatissant, ou présentant aux vents septentrionaux de larges échancrures.

La partie la mieux couverte s'étend de Villefranche à San-Remo, à cause du voisinage des plus hauts sommets alpins.

Un autre avantage, c'est la présence d'une grande masse liquide reflétant les rayons solaires et se refroidissant moins que les terres ; de plus, la caléfaction des plages sableuses. Certaines localités sont à quelque distance de la mer : Hyères, Valescure, le Cannet, Grasse, Pise.

Climat. — Il offre de grandes analogies. La pression barométrique, en général au niveau de la mer, 760-762, est un peu moins variable qu'à l'intérieur ; elle n'a pas la valeur qui lui a été attribuée théoriquement.

La moyenne annuelle ne dit pas grand'chose, si l'on songe que l'isotherme de 15-16° descend de Noirmoutiers, longe les Pyrénées, et passe ici pour redescendre en Italie. Qu'importe l'écart des maxima et minima de l'année pour un séjour d'hiver !

La moyenne hibernale, 8-10°, est plus élevée que celle de Rome ; celle de 11-13 se trouve beaucoup plus bas : à Palerme, Malaga, Alger, etc. D'autre part, franchissant l'Apennin et montant seulement au 45e parallèle, on a des moyennes hibernales au-dessous de celles de Paris et des minima du Nord, par exemple en 82 : Milan, — 12° ; Vicence, — 14 ; Turin, — 15°-5 ; Alexandrie, — 17°-7 ; en Toscane, à Florence, — 10. Rappelons que l'isochimène de Venise, 4°, passe au nord de l'Écosse. Quand on parle du climat d'Italie, il faut s'entendre : la partie transapennine est froide.

Le milieu du jour, 12 h.-3 h. est le moment favorable, la vraie journée médicale pour se promener et même pour s'asseoir en plein air, quand le thermomètre monte à 12 ou 15°. Entre la matinée et l'après-midi, il y a communément 4-5 degrés de différence.

Les oscillations diurnes ne sont guère que de 4-6°,
tandis que les écarts du jour et de la nuit sont assez
tranchés.

L'intensité des rayons solaires est telle que l'om-
brelle, même les lunettes bleues sont nécessaires.
Dans le thermomètre à boule noire, la colonne mercu-
rielle est montée jusqu'au 45° et les écarts du soleil à
l'ombre atteignent 30°. La prudence s'impose donc aux
malades.

Les observations hygrométriques, incomplètes, don-
neraient une moyenne de 60 à 70 0/0. Jusqu'à 70 l'air
est réputé sec ; l'assertion est juste quand on la compare à celle des villes continentales qui dépasse 80
durant la saison froide. L'idée de sécheresse a été
exagérée.

La transition brusque de température au coucher
du soleil, signalée par tous les praticiens du littoral
comme funeste aux voies respiratoires malades, ce
passage s'accompagne d'une précipitation atmosphé-
rique subite, laquelle rend plus pénible le refroidis-
sement. J'ai vu plusieurs fois le pavé humide sans
pluie ni brouillard. L'an passé, sur la côte de Gênes,
après une superbe journée, à la tombée d'une nuit
claire je sentis tout à coup mes vêtements mouillés.
Ce fait n'est pas rare et j'ai pu le constater sur les
côtes méditerranéennes jusqu'en Asie Mineure.

La quantité annuelle de pluie dépasse 800 millimètres comme sur nos côtes de l'Ouest. Par contre, le
nombre des jours de pluie durant tout l'hiver ne dépasse
pas 50, les pluies tombant en abondance et sans durée.
Ce caractère tout particulier des précipitations
aqueuses, si différentes dans nos grandes villes, permet
un grand nombre de jours de sortie. Les brumes de
la mer ne ressemblent pas aux brouillards de Milan et
de Turin, et la neige n'est qu'un phénomène passager,
ne séjournant que sur la montagne.

Le régime des vents est tout différent de celui qui régit nos côtes de l'Atlantique. Ici règnent les vents occidentaux pluvieux ; là les vents orientaux ; ces vents d'est soufflent parfois plusieurs jours avec une violence extrême avant l'arrivée des nuages. Le sud-est apporte une pluie tiède un peu énervante. Le sud-sud-est, sirocco, n'est pas fréquent. Quant aux vents septentrionaux, souvent arrêtés par les murailles naturelles du littoral, ils vont se perdre au loin sur la mer.

Le vent N.-O., mistral (*maestro*), dont nous avons signalé la violence dans la vallée du Rhône, continue de suivre la côte, s'atténuant à mesure qu'il avance vers l'orient et faisant place au N.-N.-E. dit la *tramontana*. Dans les baies abritées, il perd de sa force ; au contraire, dans les vallées ouvertes suivant sa direction, telles que celles de la Siagne, du Var, de la Roya, etc., il souffle vivement. En décembre 1883, il faisait furie et arrêtait nos chevaux. La vérité est qu'il se glisse partout et que sa fréquence est plus grande qu'on ne l'a dit, pour les besoins de la cause. Heureusement c'est le grand purificateur de l'atmosphère.

N'oublions pas les brises de mer et de terre, les premières quelques heures après le lever du soleil, les secondes après le coucher. Dès le printemps, les chaleurs du matin, déjà vives, sont tempérées par le vent marin. Il y a aussi les vents de vallée, qui remontent, le jour, le long des bordures rocheuses et qui descendent le soir des montagnes. Tous ces phénomènes jouent leur rôle dans l'hygiène des visiteurs.

La côte est en général salubre, sauf quelques vallées marécageuses sur le cours du Var, de la Magra, etc. Ce point est à noter, car, à l'occident, le golfe du Lion est bordé de marais salants et, au-dessous de Pise, commencent les maremmes de Toscane, puis des États romains.

Les vents de mer, on le sait, sont les modérateurs des saisons; en même temps ils répandent les effluves marins salés et bromurés à plusieurs centaines de mètres.

Les essences résineuses des bois et des forêts Valescure, Californie, Cap-Martin, Santa-Margherita, etc., ajoutent leur action tonique et résolutive à celle de l'atmosphère marine et ce sont encore des facteurs du climat.

La végétation n'est plus celle du Nord mais du Sud italien; les palmiers d'Hyères et de Bordighera méritent leur vieille réputation; aujourd'hui ils se déroulent presque partout en longues avenues; c'est un arbre plus rustique qu'on ne l'avait cru. Je citerai le *Phœnix Melanocarpa* dont A. Girard a communiqué l'analyse à l'Académie des Sciences; ses régimes mûrissent en avril. Viennent ensuite les bananiers, dracœna, latania, ficus elastica, aloès, cactus, jujubiers, caroubiers, les eucalyptus (culture récente), les oliviers dix fois séculaires, les pins parasols, les orangers et les citronniers plus délicats, les fougères arborescentes, enfin les fleurs à essences.

Si nous cherchons des rapprochements ou des comparaisons vers d'autres points du midi de la France, nous rencontrons le Roussillon et le S.-O. océanien.

En premier lieu, le Roussillon; c'est notre province la plus méridionale; ce parallèle va couper le centre de la Corse et de l'Italie au-dessus de Rome, près Viterbe. A Amélie et au Vernet se retrouve l'isotherme de 13° et une moyenne hibernale de 6-8°. A Banyuls, un peu plus méridional, entre 8 et 9° suivant Martinet. Les jours de pluie plus fréquents, sans brouillards; gelées et neiges rares. Sur toute cette côte les montagnes ne sont pas disposées pour l'abri; les vents y soufflent fréquemment et le mistral se fait sentir jusqu'à *Figueras* où je l'ai retrouvé revenant d'Espagne. Le climat de Perpignan est très inégal, souvent des gelées, cependant il m'a fallu admirer la végétation de cette côte : quelques palmiers, aloès, cactus, agave, araucaria, orangers, citronniers dans les criques abritées ; lauriers-roses, myrtes, grenadiers, etc. J'ai eu l'occasion d'en parler ailleurs.

Quant au climat du S.-O. il est bien différent : *the climates of South East and South West of France are diametrically opposite in their properties* (Taylor. J'ai dit dans mon rapport au Congrès de Paris 1889 et dans ma brochure climat du S.-O. quelle avait été la polémique contre la Provence et comment on avait fait valoir la stabilité de la température, le calme de l'air et son humidité, arguments d'une valeur douteuse. Pau, Biarritz, Dax entre le 43ᵉ et le 44ᵉ parallèle sont aussi méridionaux que Cannes et Nice. Leur moyenne hibernale 6-8° les met en bon rang ; la moyenne hygrom. 70-90° correspond à un air moins sec ; le nombre des jours de pluie 140-150 devient une gêne pour les sorties. Point de mistral, mais des vents océaniens violents et des pluies torrentielles dont les congressistes de 1886 furent gênés. En un mot, beaucoup moins de soleil et peu d'abri. Dax est un peu couvert par ses bois, Arcachon beaucoup mieux.

Conséquence : la Côte d'Azur est unique et, pour trouver un climat et une végétation de cet ordre, il faut descendre sur la côte orientale d'Espagne ou jusqu'en Sicile.

La Corse qui descend au-dessous du 42ᵉ plus bas que Rome, jouit d'un climat méridional et insulaire, moins chaude que Malte et la Sicile. Hiver de Palerme 11-12°, de Malte 14°.

Bains de mer. — Presque toutes ces villes étant situées sur la mer, les bains y sont très suivis l'été, par exception l'hiver. Beaucoup de belles plages à sable fin, à pente douce, regardant le demi-cercle sud. Les plages des environs de Gênes sont presque toutes caillouteuses.

L'organisation des bains de mer chauds pour l'hiver laisse à désirer; cependant à Cannes, à Nice, à Monte-Carlo surtout, les choses sont en bon ordre.

La température de l'eau nous importe au point de vue du bain, en même temps qu'au point de vue du climat littoral dont la mer est un modérateur. On sait que le lac méditerranéen, contrairement aux grandes mers libres, marque environ 13° dans la profondeur. Pour ma part j'ai pris, à diverses reprises et en diverses saisons, le degré sur la côte et un peu au-dessous de la surface, souvent dans un seau, où, si l'on opère vite, la variation atteint un ou deux dixièmes.

Depuis Marseille jusqu'à la Spezia et au delà, la moyenne, en janvier et février, a été de 13-14, correspondant à une densité de 1027; en mars et avril 15-16. Un vent soutenu de mistral ou tramontana fit baisser parfois de 1-2". Au mois de novembre, à Palavas, près de Montpellier, ce fut 14; à Port-Vendres et Banyuls 15-5; en mars, à Arcachon, dans le bassin 10°. En été, au mois d'août, le thermomètre atteint 22-24°. Quant au degré des fontaines abondantes il s'est trouvé tantôt supérieur, tantôt inférieur à la moyenne annuelle.

Le degré hydrotimétrique des diverses eaux potables m'a paru varier de 12 à 30.

Les terrains. — Très variés et intéressants : calcaires crétacés de Marseille; calcaires jurassiques et grès Sainte-Anne d'Ollioules; schistes paléozoïques de Tamaris, d'Hyères et Costebelle; roches cristallines des Maures et de l'Esterel séparées par le grès permien de Fréjus. Calcaires jurassiques de la Corniche, depuis les hauteurs de Grasse jusqu'aux rochers rouges de la frontière; pointements de ces rochers vers les caps. Poudingues pliocènes depuis la région de Nice jusqu'à San-Remo, masses argilo-sableuses de la côte de Vintimiglia. Cailloux serpentineux des environs de Gênes; schistes et serpentines de la Spezia et roches marmoréennes du golfe.

Les produits éruptifs ne manquent pas dans toute la région : ils remontent aux temps primaires jusqu'au Quaternaire. Le relèvement de la côte témoigne de ces commotions ou soulèvements. Le tremblement de terre de Mentone montre que le travail souterrain n'est pas fini. On dit que la mer a baissé au cap Martin; donc soulèvement du rocher littoral.

Les sables, en général siliceux, sont plus ou moins effervescents par les acides. Les calcaires jurassiques dont il vient d'être question sont en général dolomitiques, c'est-à-dire fortement magnésiens, l'analyse me l'a démontré.

Hygiène et therapie. — L'été est la saison des bains de mer; le soleil est alors ardent, l'air moins chaud que dans les plaines de même latitude. Cette saison se prolonge jusqu'en octobre grâce au climat. La cure d'hiver nous intéresse avant tout.

La saison à choisir est du 1er ou 15 novembre au 15 février, ou bien au 15 avril; le retour en mars peut être pernicieux aux habitants des pays du Nord, même aux Parisiens. Au commencement de l'automne, inconvénient du soleil trop vif et des moustiques.

Les villas ou les maisons ont des avantages pourvu qu'elles ne soient pas placées dans un lieu bas, humide, dans une rue étroite; qu'elles ne soient pas neuves (Buttura).

La vie d'hôtel est plus gaie, plus commode pour l'installation prompte, moins onéreuse pour un séjour limité. Les malades y occupent les chambres au midi où le chauffage n'est pas toujours nécessaire. Aujourd'hui les vestibules, les couloirs, les escaliers sont chauffés par des phares ou autres poêles, ce qui évite les refroidissements d'autrefois; dans les salons c'est une chaleur malsaine.

Les nouveaux hôtels de Cannes, de Nice, de Monte-Carlo, trop chers pour les bourses moyennes, sont des constructions bien entendues, dont les chambres plus grandes font respirer plus à l'aise, et les vastes halls permettent la promenade intérieure; quelques-uns sont chauffés à la vapeur comme les grands sanatoria.

Ce qui pèche c'est le régime : trop de plats, trop de sauces, des vins d'autant plus médiocres qu'ils se comptent à part. Les Suisses et les Allemands, directeurs de tous ces établissements ont généralisé cette coutume assez onéreuse. A la fin de la saison ils repartent avec leur personnel pour leurs hôtels d'été.

La pension, moins coûteuse, vous attache à la glèbe de la table d'hôte, repas trop longs et trop rapprochés. Vous réservez-vous un peu de liberté, concession du directeur en un moment de faiblesse, le sommelier, toujours solennel, vous regarde *torvis oculis*....

Les promenades en voiture, si agréables aux touristes, si utiles aux malades qui ne les prolongent pas trop tard, sont devenues plus faciles depuis les tramways, concurrence salutaire.

Indications thérapeutiques. — Les effets sur l'homme sain fournissent déjà quelques indications ; le climat est tonique mais excitant : à l'activité fonctionnelle des systèmes digestif, locomoteur et cérébral, peuvent succéder la diminution de l'appétit, jusqu'à l'embarras gastrique par erreur de régime; l'agitation nerveuse, l'insomnie, etc. J'en ai vu de nombreux exemples. Dans le sud de l'Italie ces symptômes, s'aggravant, vont jusqu'à la fièvre gastrique.

Il y a donc contre-indications chez les nerveux, les éréthiques, les dyspeptiques (forme gastralgique), les agités; cela se nommait autrefois faiblesse irritable.

Que ces nerveux soient en même temps congestifs, ils auront de l'oppression, des migraines, les yeux et les oreilles rouges et quelques troubles cérébraux. Le soleil vif, la poussière, le bruit de la mer leur deviendront intolérables. Ils doivent chercher ailleurs ou du moins s'éloigner du rivage.

Au contraire, les lymphatiques du Nord, dont l'humidité froide avait abaissé la vitalité, se remonteront en se réchauffant au soleil et en respirant l'air marin.

De là indications nettes dans les anémies sans caractère nerveux, dans la scrofule bénigne, dans l'atonie fonctionnelle.

Les douleurs rhumatismales chroniques, la goutte sans accès francs, maladies qui traînent sous un ciel brumeux, les vieux restes de syphilis se modifieront par l'exercice en plein air, les bouffées chaudes du jour aspirées en voiture découverte, la transpiration rétablie, l'assouplissement successif des parties affectées, etc.

Les maladies des voies aériennes demandent impérieusement la substitution d'un air bienfaisant à un air offensif. Les malheureux en proie aux laryngites et catarrhes chroniques, asthmes, qui passent un long hiver à tousser et à étouffer dans des chambres surchauffées où ils restent confinés, ces malheureux dis-je, peuvent enfin respirer plus à l'aise, se promener à l'air et récupérer leurs forces. Dans ma pratique parisienne, j'ai vu ces malades renfermés six à huit mois de l'année pencher rapidement vers la sénilité.

L'air chaud et sec tarit les flux catarrhaux; mais la susceptibilité vive du larynx et des bronches ne permet pas le séjour méditerranéen; Pau et Pise conviennent mieux.

La grosse question a trait à la phtisie. D'après les prin-

cipes posés plus haut, les formes éréthiques et à marche
rapide sont exclues. Les périodes avancées ne permettent pas de subir les fatigues du voyage et de
l'installation. Bennett ne voulait plus de ces malades,
à la seconde période confirmée.

Ne perdons pas de vue que la consomption pulmo-
naire demande une température hibernale assez
élevée, une moyenne estivale modérée, peu de per-
turbations atmosphériques, un nombre assez grand de
jours beaux pour la sortie, point de poussière, point
de brouillards. Ces conditions sont loin d'exister partout sur la côte du golfe, d'où la nécessité d'un bon
choix et d'une grande prudence dans la direction.
Dans ces termes les résultats pourront être heureux;
au cas contraire, désastreux.

Un mot du rivage et de l'air marin. Les anciens,
depuis Celse, avaient reconnu les bons effets de l'atmosphère saline, et cela avait duré jusqu'à Laënnec
qui en fut un chaud partisan. Le mémoire de Rochard
1856, bien présenté mais mal fondé, entraîna l'Académie et le voyage sur mer ne fut plus qu'un procédé
funeste. Malgré le courant médical les malades ont
continué d'aller chercher le soleil et le bord de la mer
bleue. D'un autre côté, des médecins en renom,
Williams et Weber qui ont obtenu de bons résultats
dans la moitié des cas; Bignone, Jaccoud, Peter,
Verneuil ont réagi, et l'opinion médicale s'est modifiée
dans un sens moins exclusif.

Aujourd'hui un nouveau courant s'établit; la montagne le dispute à la mer. Les altitudes, l'été au milieu
des Alpes, cela se comprend, même à priori; il en est
autrement des hauteurs pendant l'hiver. J'ai dit ailleurs
ce que j'ai vu à Davos et à Leysin, combien l'installation est hygiénique et complète. J'ai reconnu les
bons effets dans certains cas. Toutefois, je fais mes
réserves sur une cure encore nouvelle.

Ce n'est pas tout : l'Allemand, plus habile que nous, faute de montagnes élevées comme en Suisse et laissant de côté la théorie des altitudes antimicrobiennes, construit partout des sanatoria sur des collines quelconques.

Si la maison hygiénique est le *nec plus ultra*, alors quel besoin d'aller dans le Midi ou de grimper aux Alpes ! Espérons que notre belle Provence ne perdra pas ses droits et qu'on se lassera de vivre comme des vers à soie dans une magnanerie.

LA CORNICHE FRANÇAISE

Toulon. — Après Marseille vient Toulon, grande ville, très animée, offrant des ressources matérielles de toute espèce. A visiter l'arsenal, les vaisseaux de l'escadre, les hôpitaux civils et militaires, les ateliers de construction ; grand théâtre pour 2.000 spectateurs.

Les hôtels et maisons garnies ne sont pas disposés pour le séjour d'hiver. Exception à l'égard du *Grand hôtel* dont la situation sur le haut de la place d'armes, face au midi, est des plus heureuses. Grand vestibule, escalier monumental, vastes chambres (celles des balcons ont un cube d'environ 150 mètres); prix modérés puisqu'on accepte les billets *Cook*. Peu de restaurants ; celui du Commerce très gai, sur le port ; cafés nombreux, trop bruyants.

La ville était encore très sale il y a une trentaine d'années, et les maisons n'avaient pas de fosses d'aisance ; nombre de rues étaient infectes. L'amélioration est réelle, non complète. Aux anciennes rues d'Alger et Nationale se sont ajoutés les nouveaux quartiers d'en haut, et le grand boulevard de Strasbourg est venu s'amorcer à l'ancienne avenue Lafayette.

La topographie de la ville se saisit du haut des

collines de la Seyne ou de Saint-Mandrier, mieux du fort Lamalgue ; la haute chaîne du Faron couvre le nord, l'est et l'ouest restant ouverts aux deux vents les plus offensifs. Ainsi les villas de l'est, du côté du cimetière, beaucoup plus nombreuses depuis l'amenée de l'eau, sont balayées par le vent d'est. Celles du pied du fort Lamalgue plus nombreuses aujourd'hui sont assez abritées pour l'hiver. Sur le nouveau boulevard de la plage du Mourillon, endroit que j'ai vu désert, les terrains augmentent de prix tous les ans ; la position n'est pas mauvaise. Bain de mer.

La température la plus basse en 1870 fut de — 5 à — 6°. La moyenne est de 14 et l'hiver de 6. En décembre 1883 je notai une semaine de mistral violent, bourrasque, poussière, etc. ; le soleil restait chaud et le thermomètre du port s'élevait à 15° le jour, également 15° dans ma chambre du Grand hôtel ; puis le froid vif et la glace dans les ruisseaux. Le vent d'est amena la pluie. Du 2 au 5 janvier c'était la pluie, V. S. E. ; puis beau par le mistral.

La végétation est méridionale : deux vieux palmiers devant la Préfecture ; une belle rangée devant le Grand hôtel, jusqu'à 3 mètres de tour ; gros cyprès et eucalyptus de l'hôpital civil ; aloès et cactus dans les lieux abrités, orangers dans les jardins, etc. Parlerons-nous des vieux platanes du Champ de bataille, l'un 4 mètres de tour ? — Pour l'eau potable j'ai trouvé 23° hydrotimétriques.

A signaler, aux environs, des stations d'hiver nouvelles.

Tamaris. — La route de terre, par le faubourg

de l'Ouest et le tour de la Seyne, est longue, cahotante, poussiéreuse ou boueuse. Le trajet, en bateau à vapeur par la petite et la grande rade, est délicieux par le beau temps au milieu de l'escadre, des bateaux côtiers, des chaloupes élégantes de la marine.

L'abordage se fait au pied de l'*hôtel Tamaris* et de son annexe, la *villa des Palmiers*, grande maison pour familles. L'hôtel, ancienne villa Chargé, n'est pas grand ; il se présente bien, est bien tenu, à des prix modérés. De la terrasse exposée à l'est et des fenêtres, belle vue sur Saint-Mandrier et la rade. Autour, les villas perchées sur les collines boisées. Tout a été créé par Michel pacha dont la belle demeure, au milieu d'un grand parc, domine le bassin de la Seyne. Gros arbres : pins, chênes verts, chênes lièges.

Les routes des villas bordées de murailles, parfois très boueuses, ne favorisent pas les promeneurs. Les routes de la forêt, conduisant au fort Napoléon, sont la ressource. Les coupes à travers les rochers permettent d'étudier les schistes paléozoïques argileux, de colorations variées, semés de veines quartzeuses, mais très effrités ; sol boueux par la pluie. Des glacis du fort, vue très étendue sur le bassin de la Seyne, le port et la ville de Toulon ; au S. sur la grande mer ; à l'O. Sixfours et la percée du couchant ; à l'E. la grande rade.

Au sud, 1-2 kilomètre, est la plage des *Sablettes* où M. pacha a construit un grand restaurant. Exposition sud, pleine mer entre les caps Cepet et Cicié. Sable plus ou moins fin, recouvert de varechs. J'y ai vu la mer très forte. De là, route à pied par l'isthme jusqu'à Saint-Mandrier, bel hôpital de la Marine.

Le climat est voisin de celui de Toulon : protection des collines boisées du N.-O. ; ouverture complète au levant où se déchaîne le vent. Du 5 au 8 janvier 1897 la bourrasque fut si forte que le drapeau rouge indiquait l'impossibilité de débarquer. Le fond de l'air n'était pas froid, 14 à 15° dans le bois, et de même dans la chambre. Le 8, le vent S.-E. interrompait l'ouragan.

Bandol. — Encore une station nouvelle, sur la route d'Ollioules et de Marseille. Le chemin par le bord de la mer, en passant le long de la Seyne et aux pieds de Sixfours, avec arrêt à *Saint-Nazaire*, fait voir cette petite plage pittoresquement couronnée de hauteurs où M. pacha a encore édifié un hôtel nouveau et des villas. Autre ville d'hiver pour l'avenir, plage médiocre.

Le retour par le Beausset et les gorges d'Ollioules n'est pas à négliger ; après avoir contourné le massif des gorges, la route s'y enfonce entre deux murailles abruptes où le cocher vous terrifie par les histoires de brigands ; petit spécimen des défilés de Sicile. Ici les calcaires jurassiques viennent butter contre le grès Sainte-Anne. Sur la place d'Ollioules le pourtour d'un vieil orme m'a donné 5 mètres.

Bandol est une petite ville assez propre, s'étendant en longueur : petit port, nouveau boulevard planté de palmiers, deux petites plages moitié sable. L'hôtel principal, à l'entrée, est bien placé, agrémenté d'une terrasse. Chambres propres ; cuisine de famille, la pension 6 à 8 francs.

Le golfe est bordé d'un cercle de collines **peu** élevées et, bien qu'ouvert au sud, d'une protection incomplète. Point d'observations météorologiques.

HYÈRES

De Toulon deux heures de voiture au milieu d'une campagne riante ; 45' en chemin de fer par l'embranchement de la Pauline ; la gare à 1.500 mètres du centre.

La ville s'étend sur une colline à 3 ou 4 kilom. de la mer, disposée par étages et en longueur. La longue rue des Iles-d'Or est la voie ancienne et commerçante ; là s'ouvrent la place des Palmiers et la place de la Rade. Le boulevard court parallèlement au-dessous ; puis l'avenue de la Gare et les nouvelles avenues plus basses. La ligne des hôtels suit l'avenue des Iles-d'Or, depuis les Hespérides à l'ouest jusqu'à Châteaubriant à l'est. Les maisons garnies nombreuses s'échelonnent dans le même sens. Exposition générale au midi où sont les chambres de malades.

L'ancien hôtel des *Iles-d'Or* n'a pas beaucoup changé depuis 1856 où j'y suis descendu pour la première fois ; bien tenu, chambres trop petites. Le *Continental*, qui le domine et que j'ai vu construire en 1882, est plus aéré et plus luxueux. Ces deux maisons, dirigées à l'allemande par la famille Weber, sont d'un prix un peu plus élevé. Les autres hôtels plus modérés entre 8 et 12 francs par jour, souvent le vin compris. Je dois une mention spéciale à l'hôtel *Châteaubriant* pour sa belle terrasse, sa verenda et sa situation dégagée. De ce côté de nouvelles villas ; jardin *Denys.*

Il y a bien un petit Casino au boulevard des Palmiers ; néanmoins la vie est des plus calmes et la soirée se passe dans les salons des hôtels ; c'est bien un séjour de malades.

La montée assez rapide aux vieux remparts et aux ruines donne une idée du panorama : au N. hautes collines calcaires ; à l'E. vallée du Gapeau ; à l'O. la baie de Giens ; au S.-E. la ville basse, puis les salins, les plages, les îles. Du Fenouillet, 300 mèt., vue plus étendue vers Toulon.

Les rochers des ruines sont des schistes quartzeux à veines blanches. La boue des boulevards, en temps pluvieux, est due à la nature schisteuse du sol.

Voici les principaux traits du climat : lat. 43ᵉ ; altit. environ 100 mètres ; distance de la mer 3 à 4 kil. Exposition S.-O. et S.-E. ; protection lointaine par les montagnes de Toulon et des Maures ; barrière au N. vers le Fenouillet, mais échancrure N.-O. où passe le mistral. — Moyenne annuelle 15 à 16° ; moy. hibernale 9 (Vidal). Journée médicale 12-14° — hauteur de pluie 800 millimètres ; jours de pluie, 60 à 70. La ville au-dessus de la région des fièvres.

Hyères est la ville des Palmiers au même titre que Bordighera ; ceux de la petite place sont les plus anciens et les plus hauts de tige ; au boulevard ils ont prospéré. C'est là que les malades vont s'asseoir au soleil. Quant aux orangers, ils ont beaucoup souffert et des gelées et de la maladie. La culture des primeurs réussit à merveille dans les jardins ; grande exportation.

Les environs offrent plusieurs promenades intéressantes : la chapelle de l'Ermitage et la montagne des Oiseaux pour la vue ; la presqu'île de Giens où le *Sanatorium Sabran* peut recevoir 300 enfants des hospices de Lyon ; les Salins ; entre ces derniers et la pointe de Giens se développe une belle plage de sable pour bains de mer.

Costebelle. — Représente Hyères Maritime. La descente se fait rapidement à travers les bois de pins, sur un terrain de grès et d'argiles schisteuses.

Le *Grand Hôtel* se présente bien et, de sa terrasse exposition S., belle vue sur la mer qu'il domine ; au N. protection de collines boisées. Le bâtiment est somptueux à l'intérieur ; ses halls et salons en rotonde sont d'un grand effet. Joint à ses deux autres maisons, il loge 300 personnes. Prix moyen 14-15 francs. Ici c'est le climat marin sans les inconvénients du rivage.

Les ruines de *Pomponiana*, voisines, n'ont pas d'intérêt. La villa *S. Salvadour* (folie Magnier) est un magnifique parc où se cultivent les plants de palmiers si demandés pour tous les nouveaux boulevards.

Costebelle, actuellement isolé, deviendra un faubourg d'Hyères et une annexe précieuse par son atmosphère marine.

SAINT-RAPHAEL

Deux voies ferrées mènent d'Hyères à Saint-Raphaël : la grande ligne continentale (trajet rapide), et la ligne du Sud maritime (trajet lent, 5 heures).

Bien que cette dernière laisse à désirer, elle est de beaucoup la plus intéressante. Elle fait voir la grande rade formée par les îles, pénètre la masse cristalline des Maures, rejoint ensuite la côte dans la baie de Bormes et la suit alors plus fidèlement.

La traversée s'opère par des coupures de gneiss et de micaschistes d'une grande puissance ; la bande triasique est au-dessus. Là s'ouvrent une série de baies séparées par les caps Bénat, Nègre, Cavalaire, Lardier : ce sont les baies de Bormes, du *Lavandou*, de *Cavalaire*, solitaires et pittoresques, où de longues plages de sable fin s'encadrent de forêts de pins qui touchent au rivage. La nature a beaucoup fait pour ce coin de terre encore ignoré. Petits hôtels, petites maisons ne sont qu'un début auquel il faut souhaiter prospérité. Les touristes peu pressés trouveront une bonne halte à l'hôtel de Saint-Maxime peu éloigné de Saint-Tropez, lequel est desservi par l'embranchement de la Foux.

La gare de Saint-Raphaël sépare la ville primitive, aux rues étroites et peu balayées, de la ville neuve aux grands boulevards bordés de larges trottoirs. Là est la nouvelle église, la poste et le casino, fermé faute de clients. Les boutiques assez élégantes manquent d'acheteurs. Le port n'est pas sans importance ; une colonne rappelle le débarquement de Napoléon, retour d'Égypte. L'hôtel des *Bains* sur la mer est le plus proche ; bien tenu, modéré, prend les billets *Cook*. — Plus loin, boulevard Martin, *Beau Rivage* qui a un joli jardin planté d'arbres. — Le *Grand Hôtel* plus haut, plus isolé au milieu des bois, d'une installation et d'un prix supérieurs, est fréquenté par des familles anglaises qui y font long séjour. De ce côté commencent les villas dans la direction de Boulouris.

La plage, pour bains de mer l'été, trop resserrée entre les rochers, fait face au S. ; le sable mêlé d'algues. Le petit établissement compte une vingtaine de cabines dont quelques-unes pour les bains de mer chauds ; service incomplet. Le 15 janvier 1897, l'eau, puisée un peu au large, avait 13°, même chiffre que je notai en décembre 1883 ; densité 1.027. Deux dames anglaises seules prenaient le bain en pleine eau. Il paraît qu'en été les baigneurs sont assez nombreux.

L'eau potable de la Siagnole marquait 13° à mon hydrotimètre.

Le climat de Saint-Raphaël n'est pas tout à fait celui de la côte, car le pays est très largement ouvert au N.-O., vallée de l'Argens. Ce que l'on a dit de la protection par les Maures et l'Esterel est inexact ; abris trop lointains. Je ne sais au juste ce que valent les observations de Serrand : Moyenne 15 ; hibernale 9 ; moyenne hygrom. 60. J'ai pris mes informations auprès de quelques amis qui y ont des villas et auprès d'Alphonse Karr avec lequel je causais fin décembre 1883, dans le jardin de la maison close, par un froid glacial, les ruisseaux gelés. Il ne cachait pas le froid de l'hiver qu'il redoutait peu et s'extasiait sur la fraîcheur de l'été en un point si méridional. L'an passé, vers le 15 janvier, nous eûmes une forte bourrasque par vent est, le baromètre baissa de 765 à 757 et le thermomètre de 15 à 10°. La végétation se ressent de ces conditions.

Saint-Raphaël se complète par deux petites

villes d'hiver voisines : Boulouris et Valescure.

Boulouris. — Station de chemin de fer ; voiture préférable pour bien voir le pays. La route traverse les bois et côtoie souvent la mer. Série de villas depuis la maison close, la propriété Jules Barbier, le parc Calvet ; ainsi jusqu'à l'avenue de la Gare. La végétation est luxuriante dans les bois tapissés d'arbousiers, de myrtiles, de bruyères géantes (*Erica arborea*) ; les arbres viennent jusqu'au bord de la mer comme au Lavandou. Des anses sableuses coquettement creusées dans les porphyres rouges qui partent du boulevard Martin. Souvent ces porphyres se décomposent en boue argileuse.

La route se poursuit, plus solitaire, passant au pied d'une colline où se trouve un orphelinat, fondation privée ; elle va jusqu'aux carrières de *Dramont*, vaste excavation d'où se tire, en parallélipipèdes ou en pavés, un porphyre bleu semé de points noirs et d'un grain serré. Les détritus ont formé une colline artificielle près de la mer. Directeurs belges, ouvriers piémontais. Les anciennes carrières romaines sont délaissées.

Valescure (*Vallis secura*). — Au côté opposé vers Fréjus. C'est une vaste forêt de pins, de chênes lièges, de bruyères arborescentes sur un terrain de grès rouge formant des mamelons et des creux. Les deux hôtels et les villas se perdent dans la verdure. Le *Grand hôtel* et l'*hôtel des Anglais*, chacun pour une trentaine de personnes, ont des terrasses au sud et sont couverts par des bois ; de bon aspect, propres et modérés, pension 10 à 12 francs. Je citerai les cottages déjà anciens : Carvhalo, Reichenberg, Brohan ; G. de Mussy, Labbé ; la villa Ma-

rieni cédée au général Dodds ; les deux de Lutaud.
A. Karr, qui a vécu jusqu'en 1890, a pu voir se
développer sa création ; sans lui, peut-être, les
artistes n'auraient pas donné l'élan.

Valescure n'est pas un séjour récréatif ; du moins
on y vit dans le recueillement et l'on y respire un
air calme, peu excitant et imprégné d'émanations
résineuses. Climat différent de Saint-Raphaël,
adapté aux nerveux, aux excitables.

Les amateurs de l'antiquité iront aux ruines de
Fréjus dont les aqueducs s'aperçoivent de la gare et
dont les arènes ont quelques restes. Le périmètre de
la ville romaine se voit encore. Le géologue, mesu-
rant la distance à la mer de ce port romain, consta-
tera l'étendue des atterrissements par l'Argens.

CANNES

De Saint-Raphaël chemin de fer longeant la côte,
ou route de terre par les hauteurs de l'Esterel. La
voie ferrée est trop rapide et trop obscurcie par les
voûtes des tunnels pour laisser voir les beautés de la
route ; à peine quelques regards furtifs sur le golfe
d'Agay, sur les rochers rouges du cap Roux, sur les
gorges profondément encaissées, sur le golfe de La
Napoule et le train débouche dans la plaine de la
Siagne.

La grande route de l'Esterel, qui demande une
journée de voiture, avec arrêts, atteint des hauteurs
de plus de 500 mètres d'où la vue s'étend au loin sur
la mer et les montagnes. L'ancienne voie *Aurelia*
traversait le massif.

Le massif de l'Esterel est à visiter en détail. Les forêts de pins et de chênes-lièges, domaines de l'État, sont percées de belles routes ; les chasseurs y trouvent du gros gibier tel que le sanglier. Malheureusement ces bois sont ravagés périodiquement par des incendies qu'allument les bergers, race aussi sauvage que la montagne elle-même ; ils veulent ainsi fertiliser le sol et faire pousser l'herbe pour leurs bêtes.

Le géologue y verra de beaux échantillons de porphyres permiens rouges et bleus, de mélaphyres, de serpentine, même de dykes volcaniques ; des poudingues permiens à cailloux cristallins, la butte de Saint-Cassien en est formée. Dans le vallon de l'Argentière, anciennes mines de galène argentifère des Romains. Le sulfure de plomb s'emploie pour les poteries de Vallauris dont il sera question plus loin.

L'excursion de l'Esterel se fait de Cannes ou de Saint-Raphaël pour la petite ascension du mont Vinaigre qui dépasse 600 mètres. De Cannes se fait la visite des ruines de La Napoule qui couronnent un mamelon granitique ; de la pointe de Théoulé, de la Galère, des gorges de l'Esquillon ; du cap Roux et de la chapelle Sainte-Baume.

La gare de Cannes est centrale, dans la partie haute, à cinq minutes de la plage. A l'arrivée, un contrôleur dirige le service des omnibus, souci épargné au voyageur.

Cannes s'est développée successivement depuis lord Brougham créateur, 1831. En 1856 nous arrivions en poste ; un seul hôtel passable ; la ville nouvelle se construisait sur la mer, les villas anglaises s'élevaient à l'Ouest. Les coteaux de la Californie étaient déserts.

Cannes se développe en arc de cercle autour de la plage. La rue d'Antibes, voie principale, s'étend d'un bout à l'autre dans le même sens ; boutiques élégantes, étalages de pâtisserie et de confiserie dignes d'une grande ville. Les rues transversales vont à la mer, la corde du grand arc est le boulevard de la Croisette, belle chaussée de 2 à 3 kil. depuis le port jusqu'à la pointe orientale. Plus tard, réuni au boulevard du Midi, il mesurera 6 kil. depuis la Bocca. Planté de platanes et de palmiers, il offre aux promeneurs un long trottoir bitumé longeant la mer. Le spectacle est saisissant par un soleil radieux, et tout serait parfait sans la poussière qui se transforme en boue blanchâtre quand il pleut. L'empierrement calcaire en est la cause ; pourquoi ne pas user de la pierre dure ?

L'extrémité ouest aboutit aux allées de la Liberté, promenade où se dresse en marbre la tête expressive de L. Brougham. A côté est le port et l'embarcadère des vapeurs. La pointe de la Croisette est plus solitaire ; elle a aussi un petit embarcadère pour les îles. De ce côté se trouve la villa des Dunes, un souvenir de l'impératrice russe, le jardin des Hespérides, la Réserve pour manger des huîtres et de la bouillabaisse.

Les hôtels bordent la Croisette : depuis le *Splendide* des allées jusqu'à l'hôtel de la plage. Au centre, l'hôtel *Gonnet*, tenu à la française et modéré de prix, eut l'honneur d'abriter le président du Conseil ; il a contre lui sa distribution, ayant été formé par le replâtrage de deux villas ; — le *Grand hôtel, Gray* et *Albion*, séparés de la rive par de grands jardins, sont plus luxueux et plus chers, 15 à 25 francs.

Ne quittons pas la Croisette sans parler du *bain de mer*. L'établissement est convenable : une vingtaine de cabines dont 6 pour bains de mer chauds ; l'eau est prise à cinquante mètres par une pompe. Plage au midi ; sable fin, mêlé de quelques cailloux ; temp. 14°, densité 1026,5. Quelques Anglais se baignent à la lame ; fin novembre 1856, il y en avait un assez grand nombre.

Sur le quai du Midi qui va à la Bocca se trouve un autre petit établissement et une longue plage de sable fin. Là se baignent les petits scrofuleux hospitalisés ; ils ont une baraque spéciale et vont à l'eau presque tous les jours d'hiver, fait qu'il m'a été possible de constater et, du reste, mentionné par de Valcourt.

L'établissement *Dollfus* qui hospitalise 40 à 50 enfants est derrière le jardin public ; dirigé par des diaconesses du Comité genevois, il s'alimente par des dons. Bons résultats après un long séjour.

Vers cette région ouest est la villa Brougham, le château de Vallombrosa, la villa Sagan très originale, l'hôtel Bellevue qui domine. Le Continental est sur la route de Grasse, les villas des Anglais se sont groupées de ce côté ; en 1856 il en existait déjà un certain nombre. De la tour du Mont-Chevalier se voit très bien tout ce quartier.

A l'est est le quartier Mont-Fleury où fut construit, il y à six à huit ans, un vaste *Casino* pour une somme de 1.200.000 francs, revendu 600.000 ; c'est le sort de beaucoup de ces édifices hors de proportion avec les besoins. Le soir il est désert ; il est question de le placer à Gray et Albion plus central. Le bâtiment est luxueux et sa rotonde vitrée, ses salons sont attrayants. Vue sur Cannes et l'Esterel, de la terrasse et des fenêtres. Non loin de là l'hôtel et le chalet *Mont-Fleury*.

Le climat de Cannes varie suivant qu'on a en vue la ville ou les environs ; il varie même suivant les quartiers.

Latitude entre 43° et 44°. — Pression barométrique entre 760 et 62. — Moyenne 16° ; hiver 9,5 ; été 22-24 ; printemps 14-15. — Minima au-dessous de 0 rares. — Irradiation solaire vive ; le thermomètre à boule noire pouvant aller à 45° en hiver. Différence sensible du soleil à l'ombre. — Humidité relative 60 à 70 0/0 ; hauteur de pluie 800 à 1.000 millimètres ; pluies diluviennes jusqu'à 100 millimètres en 24 heures — brouillards, neiges rares.

Vent N. arrêté par les hauteurs ; vent S. rare ; vent N.-E. (*tramontana*), froid, neigeux ; vent N.-O. (mistral) soufflant surtout en mars, avec beau temps puis froid ; vent S.-E. et E. pluvieux ; Antibes nébuleux annonce la pluie. De Valcourt est trop optimiste quand il dit le mistral arrêté par les Maures et l'Esterel. Ce sont deux barrières trop distantes et trop occidentales pour fermer le nord-ouest. L'Esterel s'abaisse à la vallée de la Siagne très ouverte.

M'est-il permis d'ajouter quelques observations personnelles ? En 1856, du 15 novembre au 15 février, la saison fut assez favorable : deux périodes de beau fixe du 15 au 30 novembre et du 18 au 24 décembre ; on déjeunait dehors ; 25 jours de pluie, toujours par vent E. ou S.-E. Quelques jours de neige en décembre, non persistante, si ce n'est sur la montagne. 6 jours de mistral fort et froid avec la glace dans les ruisseaux.

En 1897, du 20 au 28 janvier, pression de 765 à 748 ; temp. à 8 heures du matin de 7 à 12° ; dans la chambre au midi de 10 à 14. Deux jours de pluie forte. Les 22, 23 et 26 mistral violent, poussière et mer agitée, le 25 glace sur la route de Cannes-Éden.

J'ai toujours remarqué la violence du mistral vers la Bocca, sur le boulevard du Midi et à la pointe de la Croisette. Sur ce boulevard même, il n'y a d'abrité que la partie voisine du Mont-Chevalier. Le quai du port et les allées sont donc en bonne situation. Le vent s'engouffre aussi dans la rue d'Antibes. Les quartiers de l'ouest et la vallée de la Siagne sont vivement rasés. Ceci est la vérité.

Les hivers sont variables, de 1895-96 la saison fut très bonne, de 1896-97 pluies fréquentes, peu de soleil ; coups de vents violents d'est et de nord-ouest. Visages consternés des habitants.

Les environs de Cannes ont une réputation méritée ; les promenades à pied ou en voiture y sont plus variées et plus attrayantes que partout ailleurs. Le Cannet et la route d'Antibes sont devenus de longs faubourgs ainsi que la montée de Californie.

Le Cannet. — Relié à Cannes par les deux grands boulevards dit du Cannet et Carnot ; ce dernier en ligne droite de 3 kilomètres offre une belle perspective. Il laisse voir, à distance, les hôtels du prince de Galles et du Paradis ; il aboutit à la *Grande-Bretagne*, maison de premier ordre. Situation très heureuse : vue étendue de la terrasse et du jardin ; grand vestibule, jardin d'hiver, hall vitré, salon persan ; partout des balcons ; pension 12 à 15 francs, omnibus pour les clients. Le chauffage à la vapeur permet la promenade intérieure.

Le Cannet se dessine avec ses maisons blanches qui tranchent sur la verdure des oliviers ; il en est de très vieux, moins qu'autrefois ; les jardins sont pleins d'orangers et de fleurs. La villa *Sardou* rappelle la fin de Rachel en 1858. De la terrasse supérieure vue très étendue sur le pays, la mer et les îles.

L'abri par les hauteurs boisées, en cercle, est plus complet, et en fait un climat plus doux dont témoignent les plantes. Un peu plus d'air de montagne et moins d'air marin. D'où les qualités sédatives de l'atmosphère ; avec cela une vie calme, un peu monotone n'était la communication facile avec le grand centre. Indications pour les laryngites, bronchites et phthisies trop irritables pour la vie au bord de la mer. En somme, le point le mieux abrité.

La Californie. — C'était autrefois une montagne boisée assez déserte. Plus tard les villas s'élevèrent, celles du comte de Paris, la villa *Nevada* souvenir du duc d'Albany, etc. Actuellement le grand *hôtel Californie*.

L'excursion devient plus intéressante en faisant le grand tour par Vallauris et le golfe Jouan, environ 3 heures de voiture. Après Montfleury la route à lacets monte à travers les bois jusqu'au pied de l'observatoire, 245 mètres ; vues rétrospectives sur Cannes, l'Esterel et la région Ouest. Au sommet château Louis XIII et vue sur le côté d'Antibes, en même temps que sur le golfe de La Napoule. Sur le parcours se voit la nappe limpide du réservoir de la Siagne.

Là se présente le somptueux hôtel de *Cannes-Eden* datant de huit à dix ans, pour 120 personnes ; prix 15 à 30 francs, en rapport avec les salons et les chambres. La clientèle étrangère ne craint pas l'isolement. La route de Vallauris, pittoresquement tracée à travers les rochers de gneiss, est assez mauvaise, meilleure après Vallauris.

Vallauris est connu depuis de longues années pour ses poteries. Les parties grossières briques, gros vases, tuyaux se font avec la terre argileuse du pays (Jura supérieur) ; les terres du Gard et d'Italie pour objets de luxe. Le grand magasin est transporté au golfe Jouan et mérite une visite. Mme Massiet en fait les honneurs aux étrangers.

Plus haut, dans la montagne, *Biot* a sa fabrique ; de Vallauris le chemin traverse la voie de Grasse à Antibes ; puis ravins sauvages, restes d'aqueducs romains, bois de pins blancs à écorces claires, etc. Biot, petite ville ancienne, dont la place à arcades et les rues à escaliers ont leur cachet. On y moule de grosses jarres avec la terre noire. Dans une ancienne visite, j'appris que les ouvriers travaillaient de moitié avec les patrons. Des mines de manganèse existent aux environs.

Sur ces mêmes hauteurs Valbonne a également une place à arcades originales. *Villeneuve* a ses ruines et sa tour féodale ; la rivière du Loup, au confluent de trois vallées, fait marcher un moulin, une scierie, une fabrique d'huiles. La route de Grasse à Antibes est intéressante à suivre à pied. A proportion que s'approche la vallée du Var, la région devient plus froide et les plantes méridionales disparaissent. Ces promenades en pays perdu se font plus rarement. Les ravins profondément découpés et les bois solitaires plairont au touriste.

Antibes et le Cap. — Jolie excursion de voiture, par une bonne route, en quatre heures. A partir de l'ancienne villa Alba et de l'ancien château Tripet se poursuivent une série de chalets et de cottages : villa Ménier, Mecklenbourg et ainsi jusqu'au golfe Jouan. Autrefois tout était désert depuis le château Gazan ; actuellement c'est un long faubourg.

Au golfe Jouan, colonne commémorative du débarquement de Napoléon, belle ligne de pins parasols, dunes sableuses et plage de sable fin fourni par les débris des roches de gneiss que sectionne la route.

Antibes est bien assise entre les deux golfes. Il est fâcheux que les remparts se démolissent ; c'était une belle promenade d'où la vue s'étendait d'un côté sur l'Esterel et la pointe de Saint-Tropez, de l'autre sur Nice et la baie. Tout autour, grands jardins potagers.

Le climat est assez doux malgré le vent, le séjour sans agréments. Il vaut mieux aller jusqu'au Cap. A l'embranchement l'hôtel des *Pins* fait bonne figure.

L'*hôtel du Cap* est bien perché, près des bois ; de la terrasse vue à l'Ouest sur Cannes, l'Esterel et les Alpes neigeuses. Il a de grands dégagements et des pièces dans le goût moderne. Le propriétaire, *Sella*, a fixé un prix de pension uniforme de 12 francs. Aussi a-t-il toujours ses chambres prises.

A la pointe est la grosse tour Graillon aux murs épais ; avant tout, le jardin d'*Eilen roc* qui se visite le vendredi. Petite merveille par la richesse des plantes exotiques et par la bizarrerie des terrasses et des escaliers dans les rochers (calcaire jurassique).

Grasse. — A 18 kilomètres ; voiture en 2 heures, 18 francs ; chemin de fer 45 minutes ; la gare à 20 minutes de la ville par une montée raide.

La route montant par le mont Chevalier laisse voir les quartiers Ouest, la plaine de la Siagne, la butte de la Croix-des-Gardes ; traverse des bois d'oliviers, des ravins garnis d'orangers et de fleurs, au-dessus du Cannet ; puis, à droite, les hauteurs de Mougins, le Château de Mouans. Un grand plateau livre accès au vent ; enfin la longue montée vers la ville. De loin elle apparaît avec ses maisons blanches au milieu des oliviers. Elle est dominée par des montagnes, neigeuses en hiver.

L'ancienne ville se présente bien : à l'intérieur, rues étroites ; distilleries et confiseries. A voir les Rubens de la chapelle de l'ancien hôpital.

Les nouveaux quartiers, plus élevés, sont occupés par les nouveaux boulevards Carnot, Fragonard en souvenir du grand artiste dont les tableaux viennent de se vendre ; par le Cours, le Jardin public, le boulevard Thiers, Le Casino, l'avenue Victoria qui mène au *Grand Hôtel*. C'est la meilleure maison de l'endroit. Souvenir de la reine.

Grasse est à 325 mètres d'altitude à l'église, dominée par les quartiers neufs ; disposition par étages qui lui donne un aspect pittoresque et des vues étendues sur toute la côte. L'air y est frais surtout quand il a neigé sur les hauteurs ; le 23 janvier 1897, il y faisait un vent glacial, personne sur les boulevards. Le cercle montagneux abrite incomplètement. Le climat, tout différent de la zone maritime, est essentiellement tonique. Le séjour manque de gaieté.

Grasse est encore dominé par le plateau aride de *Saint-Vallier* à plus de 500 m. d'altitude. La roche est du calcaire jurassique inférieur. De ce point se développe un immense panorama. A 25 kil. plus loin, *Thorenc* a fixé le choix d'un *sanatorium* en projet; région alpestre, froide.

De ce côté gisent les sources de la Siagne; les touristes vont à la grotte de Saint-Césaire et à celle de Mons (aqueduc romain).

L'eau de la Siagne, qui, depuis 1868, alimente Cannes, Jouan et Antibes, a changé la face du pays. Grasse a l'eau de la Foux. Celle-ci marque 20° hydrot., celle-là 14. La fontaine du boulevard vers le Cours donnait 8° thermométriques, chiffre au-dessous de la moyenne du lieu. Du reste les observations manquent.

Grasse est une ville de 15.000 hab., à la fois agricole et industrielle; déjà, il y a quarante ans, elle faisait plus de 20 millions d'affaires et comptait plusieurs millionnaires; savons, huiles, cosmétiques, pommades, essences, sortent de ses ateliers et distileries. Les extraits, les essences ont une réputation européenne et l'essence de rose est supérieure à celles du Levant. Le traitement des fleurs par approche et par infusion a atteint un haut degré. Il est instructif de voir rouler les pâtes de savon entre les cylindres; les fleurs semées dans l'axonge bouillante, l'alcool répandu sur les graisses parfumées, les linges imprégnés d'huile, pressés sur les fleurs, etc.

Dans la région de Cannes, la culture des fleurs

est d'une grande importance. Les terrains sableux demandent beaucoup d'engrais, ainsi que les terres des coteaux arénacées ou calcaires. L'enlèvement des matériaux stériles est trois fois plus coûteux que le sol même. L'humus et les algues marines, les fumiers se portent à dos de mulet ou dans des hottes. Le ravinement qui serait désastreux est arrêté par des murettes comme aux coteaux de l'Ermitage ou de la Valteline. Les jardins du bord de la mer sont devenus des emplacements dont la vente a fait la fortune des possesseurs.

Les orangers sont plus productifs par les fleurs que par les fruits ; les fleurs se cueillent de juillet à octobre. Les tubéreuses sont annuelles ou bisannuelles. Les myrtes et la cassie durent plusieurs années. Les myrtes se plantent en rangs, la terre relevée autour des racines, contre la gelée. La cassie à fleurs jaunes se plaît sur les hauteurs. L'arrosage se fait par de petites rigoles en briques.

La course d'*Auribeau*, 12 kil., en remontant la vallée de la Siagne, vous fait voir une région plus froide. Après les pins parasols de la rive de La Napoule viennent les arbres à ombre de nos contrées. La vallée se rétrécit à Pégonnas et la vue s'agrandit de plus en plus sur le golfe et l'Esterel. Auribeau a aussi ses rues à escaliers et sa porte moyen âge ; on y chasse le renard et autre gibier. Il y a de longues années j'assistai à une procession aux flambeaux accompagnée de fifres et de tambours et de la danse du pays, la Farandole ; c'était une réminiscence de l'Italie. L'hospitalité provençale y fut très cordiale.

Inutile de pousser plus loin la description des

environs qui serait interminable. Restent les îles.

Iles de Lérins. — Elles complètent le panorama. Traversée de 1/4 d'heure soit du port par le bateau à vapeur, soit de la pointe de la Croisette en barque. La mer est quelquefois assez rude pour interrompre la communication ; dans certains cas, il a fallu coucher au fort.

Le fort de Sainte-Marguerite garde le souvenir du Masque de Fer, du ministre Talon qui fit tracer de belles allées, de Bazaine et des chefs arabes prisonniers.

La vaste forêt de pins maritimes offre de longues promenades ; elle est tapissée de myrtes, de hautes bruyères, de fenouil sauvage. La pointe Ouest est marécageuse, hérissée de rochers calcaires ; on y voit de grosses asphodèles, des genêts, des immortelles ; des plantes aromatiques : absinthe, armoise, thyms, *Ruta graveolens*, etc.

Pline parle d'un port ; les bornes qui devaient attacher les vaisseaux sont aujourd'hui trop hautes ce qui indiquerait un soulèvement de la côte.

Il y a quelques jardins d'orangers, quelques troupeaux, des bécasses et des grives pour le chasseur.

L'île plus petite de *Saint-Honorat* est à moins d'un kilom. Plusieurs monuments religieux anciens : l'église carlovingienne rebâtie au XIIe siècle ; à l'extrémité de l'île une église des premiers siècles à murs grossiers et dont la longue nef se terminait par une triple rotonde ; le chœur était coiffé d'une coupole. Ce monument est en ruines comme les autres chapelles. D'un autre côté, un vieux château en ruines. Quelques pins d'Alep, quelques vignes ; les jardins d'oranges douces.

Saint-Honorat a appartenu à l'actrice Sainval.

Il y a dans la mer une source d'eau douce entre Cannes et les îles.

NICE

La route de voiture, attrayante jusqu'à Antibes, cesse de l'être à partir de là ; mieux vaut prendre le train. Cagnes, sur un mamelon, fait bien dans le paysage ; la trouée du Var n'a point de caractère ; c'est une partie plate, moins marécageuse qu'autrefois, toujours ensablée, souvent balayée par un vent du nord glacial. Après l'hippodrome, mal placé, s'allonge un long faubourg ; enfin la gare au N.-O. de la ville.

Pour les gens pressés, l'hôtel *Terminus* est de grande ressource : maison de premier ordre, disposant de 150 chambres, prix 14 à 15 francs. Malheureusement il est souvent plein en bonne saison. Les tramways qui descendent la grande avenue de la Gare conduisent en quelques minutes aux bords de la mer.

Nice était déjà une grande ville sous la domination piémontaise ; elle a fait de grands progrès depuis l'annexion et sa population approche de 100.000 âmes. J'ai vu en 1870 se développer le quartier de la Gare ; de 1883-84 ceux de la Croix-de-Marbre et de Saint-Philippe, durant l'exposition.

Nice se divise en plusieurs quartiers ou même en plusieurs villes distinctes. La montée au Château est le meilleur moyen de s'en assurer. Petit mamelon d'une centaine de mètres de haut, placé à la partie orientale du grand bassin. La vue de la terrasse est saisissante : à l'E., le port et le lazaret jusqu'aux pentes du Mont Boron ; à l'O., la vieille ville d'un périmètre restreint et, au-delà du Paillon, la ville moderne jusqu'aux collines de Saint-Philippe ; au N., Carabacel et Cimiez ; au S., la grande baie. En temps clair les Alpes neigeuses, l'Esterel et les Maures, la Corse.

La zone maritime est la partie essentiellement vivante, depuis le quai du Midi jusqu'à la promenade des Anglais ; depuis le quai Saint-Jean-Baptiste au jardin public par l'ouverture de l'avenue de la Gare et le quai Masséna. Là sont les grands hôtels, les restaurants, cafés, casinos ; là se croisent tous les types des peuples des deux mondes. Plus de beau monde qu'ailleurs, aussi plus de vilain monde ; c'est la loi des grandes villes.

Deux casinos se partagent les faveurs : 1° Le *Casino municipal*, bâti sur les voûtes du Paillon, entre le quai Saint-Jean-Baptiste et le boulevard du Pont-Neuf ; vaste construction entourée d'arcades qui forment une promenade de près d'un kilomètre. Le jardin d'hiver, sous une immense toiture vitrée, est un lieu de réunion pour prendre le café au son de la musique ; autour les salles de jeux, au fond le théâtre, tout chauffé à la vapeur — 2° le *Casino de la jetée*, au coin du jardin public, près l'hôtel des Anglais, bâti sur pilotis, la terrasse circulaire dominant la mer. Style oriental, grand hall sous les coupoles. Au centre, théâtre ; puis café-restaurant, salons meublés à l'orientale. Il est moins fréquenté le soir.

Parmi les cafés : le Grand Café Glacier, voisin du

Casino municipal ; le Café Victoire (arcades Masséna) ; le café Régence et autres (avenue de la Gare). Beaucoup de cafés-restaurants sous les arcades. Les principaux restaurants, le *Helder*, dépendant de l'hôtel, et les *F. Provencaux* au bout du jardin public ; bonne cuisine, prix élevés. Dans les restaurants meilleur marché, la société n'est pas toujours triée.

Dans cette zone s'alignent de grands hôtels de premier ordre : Sur la promenade des Anglais ceux de *Westminster*, de *Luxembourg* et, le plus coquet, *l'hôtel des Anglais* au coin de la promenade et du jardin ; il attire les regards par ses balcons et ses persiennes vertes. Prix moyen 20 à 25 francs. Pension *Rivoir*.

Sur le jardin, qui les sépare de la mer, hôtels de *France*, d'Angleterre, de la Grande-Bretagne. L'hôtel de France, qui a pour lui bon vin et bonne cuisine, pèche un peu par sa distribution (maison ancienne) ; sa situation centrale est des meilleures ; prix moyen 15 à 20 francs.

Sur le quai Saint-Jean-Baptiste, devenu boulevard depuis la transformation du Paillon en aqueduc, sont trois vastes maisons bien tenues, mais un peu casernes : *Grand hôtel, de la Paix, cosmopolitain* auxquels il manque la vue de la mer, ils donnent sur le square Masséna. Mêmes prix.

Les hôtels du quai du Midi jusqu'aux Ponchettes, bien placés, plus loin du centre, offrent des conditions plus douces.

La partie continentale de la ville neuve est coupée perpendiculairement par la grande avenue de la Gare et transversalement par des boulevards dont le plus large et le plus élégant est le boulevard Dubouchage, une portion s'appelle V. Hugo. Là sont l'hôtel *Splendide*, les *Iles Britanniques* et autres bonnes maisons.

Carabacel est un quartier aristocratique et paisible. Comme hôtels de premier rang *Bristol*, *l'hôtel de Nice* admirablement perché, recherché par les familles et toujours plein. Du haut du jardin, vue sur la ville et sur la mer ce qui compense l'éloignement. De ce côté sont les plus beaux appartements garnis.

Les villas se multiplient dans les quartiers excentriques de Saint-Philippe, de Saint-Étienne, de Saint-Barthélémy, de Brancolar.

L'ancienne ville romaine de *Cimiez* va renaître de ses cendres et de ses ruines. Le boulevard, commencé il y a dix-huit ans, se couvre de constructions nouvelles. Sur le parcours *Riviera Palace*, villas *Oliveto*, *Massigny*, etc. Le sommet est couronné par le Grand hôtel *Excelsior* qui masque l'ancien hôtel. Immense façade à six étages ornée de galeries et de balcons, la tour de gauche pour la reine Victoria qui ne peut plus se passer de la côte d'Azur. Grands halls, appartements du dernier goût pour 4 à 600 personnes.

La route traverse les ruines du cirque, des thermes et du petit temple, restes de peu d'importance. Plus haut le couvent de Saint-François et le gros chêne vert.

Le quartier du port est peu fréquenté par les étrangers; vers la place Garibaldi quelques maisons garnies à bon marché. Sur le revers du Mont-Boron, l'hôtel du même nom, l'ancienne villa Smith, la villa Chauvin, etc.

Les parties excentriques sont devenues plus accessibles depuis la multiplication des tramways dont la concurrence a abaissé le **tarif** des voitures.

La plage est médiocre, à pente raide, couverte de galets ; ce n'est plus le joli sable du golfe Jouan. L'établissement de bains est assez bien disposé ; cinq cabines pour bains de mer chauds. La température de l'eau le 2 février 1897 était de 14° ; densité 1027,5. Les bains de mer chauds et mitigés d'eau douce se donnent aussi dans la rue *Macarani* où le service est bien fait.

L'eau potable de la Vésubie m'a donné 18° hydrotimétriques.

Climat. — La première chose à faire est de se rendre bien compte du territoire de Nice : c'est un vaste bassin circonscrit par plusieurs cercles montagneux ; Carrière le compare avec raison à un éventail ouvert, arc dont le littoral est la corde.

Les vues du château et de Cimiez nous ont déjà donné l'idée de cette disposition. La terrasse de l'Observatoire, 370 m., est un point plus favorable sans gravir le Mont-Chauve. De là il est facile de voir comment cette plaine est coupée par le mamelon du château, la crête de Cimiez et diverses autres collines. Le grand cercle montagneux peut se diviser en trois chaînes : la première plus voisine, peu élevée, dont le Mont-Chauve, 860 m., est le plus haut sommet ; la seconde où le Ferrion s'élève à 1.400 m. ; la troisième les Alpes, jusqu'à 3.000 m. Cette triple barrière est loin de former des cercles continus ; d'en haut se dessinent les ouvertures, entre autres celles du Paillon au N.-E. ; de Falicon au N. et plusieurs au N.-O. ; la chaîne partant du Mont Chauve va s'abaissant vers le Var ; du côté E. la muraille est con-

tinue, Mont-Gros, Vinaigrier, Mont-Alban, Montboron. Il suit de là que les vents d'est sont arrêtés,
que le nord-est passe le long du Paillon, suivant
son cours jusqu'à la mer ; que le mistral arrive sans
grand obstacle jusqu'aux quartiers de la ville occidentale.

Les inégalités de cette plaine, mamelons et collines, créent des abris spéciaux, tels que le versant
occidental de Montboron, la partie basse de Saint-
Philippe ; Carabacel et la base de Cimiez ; plus loin
Valrose, Brancolar, Saint-Barthélémy.

Ici la végétation devient franchement italienne
ou africaine : les jardins de Carabacel sont ornés
d'héliotropes, de géraniums, orangers, citronniers ;
les dattes et les bananes y peuvent mûrir ; les aloès
et les cactus tapissent les hautes murailles de l'hôtel
de Nice. En descendant des hauteurs de Cimiez à
Brancolar, Valrose, Saint-Maurice, les villas solitaires sont entourées de parterres de fleurs et des
mêmes plantes exotiques ; les fruitiers étaient en
fleurs en janvier. C'était le 29, jour de bourrasque et
de neige en ville ; ici le soleil n'avait pas cessé de
briller.

Nice étant une station ancienne, très en vogue
avant l'annexion, les observations météorologiques
ne font pas défaut. Roubaudi, Show, Malhmann,
Teysseire, Cabrol, à l'hôpital, nous fournissent des
documents nombreux, pas toujours concordants, ce
qui en rend l'étude laborieuse. J'ai eu à ce sujet de
nombreux entretiens avec Niepce père, maintenant
remplacé par son fils. Voici le résumé de toutes ces
données.

Nice est un peu au-dessus de Cannes entre le 43°

et le 44ᵉ degré. Moyenne barométrique 761, oscillations de 45 millimètres. — Moyenne annuelle 15-16°; hivernale 9-10; automne 17, printemps 13. Maxima 33-34; minima 3 à 4; Show donne jusqu'à — 9. Roubaudi exagère quand il dit que le thermomètre descend rarement au-dessous de zéro. La moyenne de la journée médicale, de 10 à 3 heures s'élève à 12°. Oscillations annuelles 22-24°; entre le soleil et l'ombre jusqu'à 30°, inconvénient sérieux. — Moyenne hygrométrique 60; hauteur de pluie 800 millimètres; Show indique 1.400 sur 20 ans d'observation; sans doute c'était une période très exceptionnelle. Jours de pluie 50-60; quelques pluies torrentielles. — Vents variables : N.-E.froid, parfois neige; N.-O. froid, beau temps; E. bourrasques, pluie. Le rôle du S.-E. a été mal interprété par Roubaudi qui en fait un modérateur du climat et un précurseur du beau temps. Le S.-O. est suivi de brumes et pluies tièdes. Une quinzaine d'orages annuels.

En 1870, 18 janvier, j'eus à subir une forte bourrasque de neige et de grêle. En 1884, pendant une période de beau, fin janvier, ma chambre eut de 15-18°. En 1897, fin janvier, j'eus un temps variable : forte bourrasque de neige le 29, pluie battante le 31, la pression tombant de 762 à 752; temp. à 8 heures de 6 à 8 degrés, dans la chambre 12.

On a dit que le mistral soufflait rarement l'hiver; oui, s'il s'agit du mistral violent. Le N.-O. ou l'O.-N.-O. règnent de temps en temps sur les quais et en première ligne sur la promenade des Anglais; il se fait aussi sentir à la Croix de marbre, le beau quartier; il s'arrête à l'angle du rocher des Ponchettes derrière lequel s'abritent les cochers. Ce vent sec soulève une poussière incommode comme à la Croisette.

Il a été souvent parlé de la fraîcheur subite au coucher du soleil, fraîcheur très sensible à Nice et que j'ai vue accompagnée d'une humidité subite qui mouille le pavé : il semble qu'il a plu.

Il n'est donc pas étonnant que ce climat si vanté, si radieux, ait été l'objet de critiques amères. Clark lui-même, en dépit de la faveur des Anglais, était très sévère et ne comprenait pas l'engouement. Les prônateurs du Sud-Ouest ont eu principalement Nice pour objectif dans leurs polémiques contre la côte Ligurienne. Ils oubliaient les lieux abrités.

En présence de ces conditions, Nice est la région qui présente les indications les plus nettes pour les états morbides. Elles se rattachent aux préceptes généraux que nous avons posés plus haut, tout en étant plus précises.

Niepce distingue, à raison, la zone excitante du rivage et la zone sédative des vallons éloignés. Clark avait insisté sur la forme des maladies, subordonnée aux tempéraments. Nice ne convient en aucune façon aux nerveux, aux irritables. La plage est, en effet, très découverte, très balayée par le vent et l'air marin plus offensif. Néanmoins, les vents du large tempèrent la sécheresse de l'air et l'ardeur du soleil. Après ses critiques, Clark ajoute : *Nice is upon the whole a healthy place.* Cela est même vrai pour le rivage où la matinée calme et douce permet de s'asseoir.

Les dyspeptiques gastralgiques supportent mal cet air stimulant ; ils achèvent de perdre l'appétit.

D'autre part, les lymphatiques digèrent mieux et hument avec volupté l'air marin à la galerie du Casino-promenade. Un bon nombre d'anémiques se trouvent bien de la rive, au soleil et le long de la **plage**. Les rhumatisants et les goutteux passent un hiver moins accidenté.

Quant aux affections des voies respiratoires, les toux sèches, laryngées et bronchitiques s'aggravent, tandis que les catarrhes humides s'améliorent, surtout chez les vieillards. On a dit, à propos de la phthisie, que Nice était la nécropole des Anglais ; l'assertion est devenue banale ; Clark fait observer que, si les Anglais continuent de venir, c'est qu'ils aiment la mer, l'air et le soleil ; avant tout qu'ils sont enclins au lymphatisme.

De bonnes choses ont été dites sur l'excitation du climat ; ne faut-il pas tenir compte de celle des humains ? N'est-ce pas habiter sous un climat spécial que de vivre au milieu de cette foule agitée, tumultueuse, déséquilibrée. Les sages et les vertueux passent avec indifférence ou se sauvent jusqu'à Saint-Barthélemy, dans les vallons solitaires. Là, plus d'excitation, le calme des jardins embaumés ; rien à craindre que le spleen.

Villefranche et Beaulieu sont des envions de Nice.

Villefranche. — Deux routes de voiture y conduisent. L'une passe par la croupe du mont Gros à côté de l'Observatoire. La vue, d'une part sur le bassin de Nice, de l'autre sur la baie de Monaco, est aussi étendue que variée ; c'est une belle partie de la Corniche Le Paillon, profondément encaissé, est dominé par des sommets alpestres dénudés.

Un arrêt à l'*Observatoire* (370 mètres) fera voir le

Dôme de 22 mètres de diamètre et l'équatorial de 18 mètres de long. A peu de distance et un peu plus bas est l'*Observatoire météorologique*. Au cas où le choix de l'autre route ferait omettre celle-ci, il serait bon de faire la montée aller et retour (voiture 12 fr.). Le cocher doit monter à la plate-forme supérieure.

La seconde route contourne la pointe de Montboron et suit la mer, puis le bord oriental de la rade. Les vues des deux côtés, sont moins étendues qu'au mont Gros. La baie, profondément encaissée entre la chaîne à l'ouest et le cap Saint-Jean à l'est, est d'un aspect assez morne, la seule distraction étant l'arrivée des gros navires. La villa *Salsbury* occupe la hauteur vers le fond de la baie.

La route, taillée dans le rocher, laisse étudier le calcaire jurassique blanc grisâtre ou rougeâtre, d'aspect marmoréen, à cassure esquilleuse.

Beaulieu. — Deux kilomètres plus loin vers l'est. Je le voyais désert vingt ans passés ; maintenant plusieurs hôtels de bonne mine, le restaurant de la Réserve sur la mer, les villas, les boutiques lui donnent une apparence de vie qui manque à Villefranche. Le voisinage du cap Saint-Hospice permet de jolies promenades ; ces lieux pleins de charme sont encore peu habités.

Cette partie de la côte est des mieux abritées à cause de l'enfoncement de la baie, de la proximité des masses calcaires qui touchent au rivage et de leurs pentes raides. La croupe qui sépare Nice de Villefranche barre les vents d'est pour l'une, encore mieux les vents d'ouest pour l'autre. Au nord est une haute muraille de rochers, un peu d'ouverture à l'est du côté de Beaulieu entre le cap Saint-Jean et la montagne. Les auteurs ont mis en lumière cette protection exceptionnelle ; théoriquement le mistral n'y saurait pénétrer ; pour ma part je l'y ai senti, atténué il est vrai, jusqu'au fond du port.

Ce n'est pas sans raison qu'on appelle ce coin de terre la *petite Afrique :* les orangers et les citronniers y prospèrent en plein champ et fleurissent de bonne heure. Les vieux oliviers y sont très gros, exemple celui de Beaulieu, près du bureau de tabac, auquel j'ai trouvé un pourtour de 7 mètres.

Quelque favorables que soient les conditions d'abri et de température Villefranche est peu habité par les étrangers. Tous les malades sensibles au vent et au froid s'y trouveraient bien, n'était l'ennui. Nice est proche ; la communication par le chemin de fer, sous le tunnel de Montboron, fréquente et rapide. La barrière montagneuse est là qui isole la petite ville et la prive des rayons du soleil couchant.

MONTE-CARLO MONACO

De Nice partent, en bonne saison, une trentaine de trains par jour, les express bondés. La route de voiture sur le littoral a son intérêt : vues sur Eza, la Turbie, Roquebrune, le rocher blanc de Monaco, etc.

Débarcadère au pied du grand escalier de la terrasse de Monte-Carlo, l'ascenseur évite la fatigue de la montée. Là se découvre, tout à coup, le panorama merveilleux dont la nature et l'art se sont disputé la création : à la nature appartient la grande couronne de montagnes, les pointements comme suspendus

sur la mer et les découpures capricieuses de la côte ;
à l'art les jardins et les corbeilles de fleurs, le casino,
les grands hôtels, les villas perchées sur la côte.
Ensemble vraiment unique et dont l'attrait fait
affluer les visiteurs des deux hémisphères. En présence de ce spectacle qui vous reporte au temps
d'Armide, se sent-on le courage de faire de la vertu
romaine sur les abus des salles de jeux ?

Le casino, temple de cette petite Babylone, est
d'une architecture fantaisiste, à l'instar des monuments de cette destination. Admirablement posé, sa
façade S.-E. sur la mer, à deux tourelles, sa façade
N.-O. sur les jardins et la montagne, il s'ouvre
royalement par son grand hall. La salle des fêtes, le
théâtre sont en harmonie avec le reste et les fauteuils
à 40 francs, en représentation extraordinaire, de la
Patti, ne font pas reculer le public. Une carte d'entrée, gracieusement octroyée, vous autorise à perdre
votre argent dans les salles de jeux trop chauffées
pour y conserver votre sang-froid. Dans la soirée
la foule est énorme ; pour respirer librement il n'est
que le salon de lecture.

Sur l'Esplanade se dressent plusieurs hôtels de
premier rang entre autres l'Hôtel de *Paris*, le *Grand
Hôtel* continental, la *Métropole* dont la longue galerie
couverte est un abri précieux. Les repas ont des
prix fixes, les chambres point, au bon moment.

Restaurants : *Café Riche, Frères Provencaux,*
R. du *Grand Hôtel* où les employésdéguisés en Grecs,
Turcs, Arabes témoignent d'un carnaval perpétuel.
Les prix dépassent la mesure ; plus abordables à la
table chaude du restaurant de Paris. Le grand café
est d'une gaieté folle.

Les conditions s'adoucissent en même temps que la pente de l'avenue Monte-Carlo qui descend vers la Condamine. L'Hôtel *Monte-Carlo* tout voisin de l'Esplanade loue ses chambres cher ; toutefois excellente maison. A la Condamine ce n'est plus qu'une pension de 8 à 10 francs.

La route de la Condamine est incessamment parcourue par les tramways qui relient Monte-Carlo à Monaco. Le jour la poussière se soulève ; le soir la vue des lumières est féerique.

A Monaco, une visite est bien remplie par une promenade aux jardins comme suspendus sur la vague, une entrée au palais, un coup d'œil du haut de la terrasse. La forme du rocher de Monaco se dessine, jeté au milieu de la mer et rattaché à la terre par un isthme étroit. Là est le viaduc du chemin de fer et la station pour Monaco.

La plage de la Condamine est ouverte au levant et abritée d'ailleurs ; sable mêlé de cailloux, température 13°, 5, 5 février. L'établissement de bains est le mieux de la côte : le salon de repos est meublé richement, les cabinets de bains également, pour eau douce et eau de mer chaude. La piscine d'eau salée est une belle pièce d'eau, à 28°, où plongent les nageurs. Salles d'hydrothérapie, d'inhalation, de pulvérisation, de massage, d'électricité, etc. Cette maison modèle a été reconstruite en 1894. Les prix y sont modérés, si ce n'est pour les pensions des malades en traitement à 800 francs par mois.

La ville s'étend progressivement sur les hauteurs qui couronnent le quartier de la Condamine : rues nouvelles, hôtels et villas. De même vers le côté de

Mentone où sont les villas Gilibert, Rothschild, C. Blanc, etc.

Le climat est un des meilleurs de la région. Le cercle de montagnes qui entoure la ville est formé par des rochers élevés et abrupts qui barrent le nord et le nord-ouest ; le nord-est, lui-même, est protégé. Un de nos collègues de la société d'hydrologie, Gillebert, a fait six ans d'observations : moyenne d'hiver 10°, oscillations journalières 7° ; moyenne hygrométrique 70, moindre sur la terrasse ; variations brusques de l'humidité ; jours beaux 75 % — pression 761 ; oscillations 33 millimètres — vents d'est dominants ; vents N. et N.-O., beau temps ; N.-E. ciel gris. L'auteur est trop sévère pour le climat des Alpes-Maritimes.

Dans la première quinzaine de février 1897, je trouvai une pression élevée et assez beau temps ; à 8 heures du matin 15-16°, de même dans la chambre ; un jour, le S.-O. amena une bourrasque. J'ai fait les mêmes remarques qu'à Nice au sujet du coucher du soleil, lequel disparaît plus vite derrière les rochers de l'ouest.

La vie à Monte-Carlo est au moins aussi agitée qu'à Nice, le mouvement s'exerçant dans un espace plus restreint. Monaco et la Condamine peuvent servir de refuge. L'Esplanade sera la ressource dans les moments de mauvais temps et de mélancolie.

Les plantes exotiques et les fleurs printanières embellissent la terrasse et les villas, sous un beau soleil de janvier. Plus haut tout disparaît. Néanmoins les ravins abrités en conservent des traces. Le chemin muletier qui monte à la Turbie laisse voir dans les creux des oliviers, des figuiers, de grandes euphorbes. La fumure des vidanges y est apportée dans des hottes.

La Turbie. — La station de ce nom est dans la partie basse en venant de Nice ; hôtel tout nouveau dont les journaux ont parlé.

La Turbie haute mérite une visite ; c'était l'ancienne limite entre la Gaule et l'Italie. Peu de sites de la Corniche lui sont comparables. Le chemin de fer à crémaillère, à pente raisonnable et sans précipices, est la voie la plus courte et la plus suivie. La route de voiture, toujours préférable dans ces régions, demande deux heures de montée ; landau, 18 francs.

La route de Mentone va longeant la mer jusqu'à l'embranchement au-dessous de Roquebrune, village bien perché à 200 mètres. L'ancienne route de Napoléon, dont les courbes bien tracées contournent les ravins, est quelquefois insuffisamment bordée par les parapets de terre, n'ayant que 6 m. de large. Les ravins profonds sont boisés et les rochers de plus en plus dénudés. La vue varie à chaque tournant. Le nouvel hôtel, surtout restaurant, car il n'a qu'une dizaine de chambres, est d'un style italien de bon goût. Il a remplacé l'ancienne auberge où le petit vin du pays était bon. Toujours foule pour le lunch et la vue de la terrasse.

Le panorama est plus complet à la Tête de Chien ; l'approche du fort est interdite à moins d'un permis. De là l'œil plonge sur Monte Carlo et Monaco au fond du précipice. A droite Eza sur le roc et la baie profonde de Villefranche ; à gauche le cap Martin en forme d'amande et la côte italienne jusqu'au cap Nero.

De la Turbie, une demi-heure à pied jusqu'à la Madonne de *Laghet*, pèlerinage. Le mont *Agel*, 2 ou 3 heures, le fort 1.150 m. ; au delà, mont *Gorbio*.

Vers le milieu de la route de la Turbie, 250 m., une fontaine assez abondante m'a donné 11°, fin décembre ; celle du village, 450 m., 8°. Chiffres se rapprochant de la moyenne du lieu.

Ici le géologue devra faire quelques arrêts : les poudingues s'élèvent à quelques centaines de mètres au-dessus de Roquebrune ; d'autre part, ils paraissent descendre à 300 m. de fond dans la mer. De longues discussions ont eu lieu à leur sujet. Ils reposent sur les argiles subapennines suivant de fortes inclinaisons ; leurs éboulis servent au pavage de la route. Vrai béton, très fortement cimenté, à gros fragments calcaires lesquels paraissent venir des roches voisines. En présence de ces faits, il est rationnel de les considérer comme anciens, pliocènes d'après la faune, et non de les rapporter à des cailloux roulés par les torrents. En haut sont des carrières de calcaire blanchâtre ou rosé pour moellons ou pierres de taille ; roches jurassiques qui continuent celles de Villefranche.

Cap Martin. — Charmante promenade en break ou en voiture, laquelle se fait aussi de Mentone. Toujours la route de Mentone qui domine la mer en contournant les ravins. L'embranchement du cap conduit à la *villa Eugénie*, puis au *Grand hôtel du Cap*, à travers des forêts d'oliviers et de pins où de belles voies carrossables ont remplacé les anciens sentiers.

L'hôtel, dont la façade S. et la terrasse regardent la mer et dont le pavillon O. est réservé à l'impératrice d'Autriche, est un des plus beaux de la côte ; il loge 200 personnes. Entrée par la terrasse dans l'immense hall d'une animation extraordinaire au moment du lunch. A tous les étages des vestibules et couloirs largement ouverts ; mobilier luxueux, encore dans sa fraîcheur. Pension au deuxième étage, 20 francs ; lunch et dîner à tables séparées, 12 francs. Beauconp de ces grands hôtels nouveaux n'ont plus la table d'hôte.

Les villas sont encore rares, cette station étant nouvelle et sans agglomérations. Ce promontoire est appelé à un développement certain par le charme de sa situation et de ses forêts. Retournant par le côté de Mentone, vous pourrez, à loisir, contempler les oliviers séculaires et les caroubiers qui donnent, à la fin de l'été, des gousses comestibles comme en Afrique.

Sur la rive apparaissent les calcaires jurassiques d'un blanc grisâtre, rongés par la vague. Continuant vers Mentone, vous longez des carrières de calcaire dur, siliceux, faisant feu au briquet. C'est un vallon solitaire où les terrains en vente trouvent peu de preneurs. Plus avant s'ouvre la baie de Mentone entre le cap Martin et celui de la *Mortola*.

MENTONE

Station déjà ancienne et bien connue avant l'annexion : en 1879 elle recevait de nombreux étrangers, entre autres des Américains ; en 1884, je me trouvai à l'hôtel Westminster avec bon nombre d'Anglais, de Hollandais, de Suédois. Actuellement cette clientèle ne fait pas défaut, ce qui explique la présence de médecins anglais, allemands, italiens.

La gare est à 1/2 kil. de la ville nouvelle où descend un boulevard ombragé de platanes. Cette large voie aboutit au quartier de l'Ouest le plus élégant. Là est le jardin public orné de fleurs et planté d'eucalyptus, très ensoleillé et donnant sur la mer; petit, ce qui le rend plus gai au moment de la musique. Là commence la longue rue Victor-Emmanuel parallèle au rivage, rue à boutiques et à maisons garnies moins chères que les villas de la hauteur.

Il y a quinze ans je recueillais des plaintes sur le manque de distractions. Les deux casinos actuels ne me paraissent pas en voie de faire fortune; un seul suffisait à une localité aussi sérieuse. D'ailleurs la proximité de Monte-Carlo créait une concurrence fâcheuse.

Les hôtels sont nombreux de ce côté : des *Iles-Britanniques* sur la hauteur, *Alexandra* de belle apparence et assez cher ; *Menton*, bonne maison, ainsi que *Royal Westminster*, restauré avec jardin sur la mer ; pension 10 à 12 francs. Ceux de Russie et d'Allemagne, près du casino, plus modérés. Nous ne sommes plus à Nice et à Monte-Carlo.

La vieille ville de Mentone, perchée sur la hauteur avec ses rues étroites à escaliers, ne manque pas d'originalité ; les étrangers n'y habitent pas.

Garavan, quoique faisant partie de Mentone, en est séparé par une saillie de la côte qui en fait une baie et une ville à part. Sur le quai s'alignent quelques hôtels de bonne mine, entre autres celui des *Anglais*; de plus, maisons garnies bon marché.

En face l'hôtel des Anglais, petit établissement de bains de mer ; baignoires pour eau de mer chauffée ; assez bonne tenue.

La plage a des galets qui couvrent le sable.

Le climat de la ville qui nous occupe est un des meilleurs du grand golfe. L'abri est constitué par un grand cercle de montagnes nues et abruptes de 1.000 à 1.200 m. ; quelques pics dominant. Ce cercle est entr'ouvert au N.-N.-O. par la percée du Careï, direction du col de Tende. Il m'est arrivé d'y sentir les vents dans mes promenades. Plus près, les hauteurs boisées qui se dressent à Garavan en murs verdoyants. La baie de Garavan possède donc un abri presque complet. Du côté de l'Italie les rochers de Saint-Louis n'arrêtent pas absolument les vents du S.-E. et de l'E., parfois désagréables.

Nous avons remonté un peu vers le nord, toujours au-dessous du 44°. Moyenne annuelle 16-17° ; hibernale 9-10° ; estivale 23-24°. Les tableaux de Montléon portent sur 27 ans ; il exagère certainement nous disant que le thermomètre n'est descendu que trois fois au-dessous de glace ; quel était donc cet instrument ? Bennett n'est pas plus exact prétendant qu'à Mentone, seulement, le citronnier donne de bons fruits. Il est vrai qu'il nous montrait dans sa villa des spécimens remarquables de plantes exotiques ; néanmoins les citrons sont excellents au Cannet, à Villefranche, à San Remo, etc. Dans mes courses aux environs de Mentone, j'ai constaté l'exubérance de ces arbres en espaliers sur les rochers, ce qui avait provoqué chez un touriste auteur cette vive expression : « Une orangerie sur un roc ». Les orangers et les citronniers n'ont pas été toujours indemnes ; à ce sujet j'ai recueilli les plaintes des paysans.

En l'absence de documents précis, de nombreuses conversations avec Daremberg, Gent, Bennett, Stieg, etc., m'ont convaincu que Mentone jouissait d'un hiver un peu plus chaud, d'un air un peu plus calme, permettant un plus grand nombre de sorties journalières ; de transitions moins brusques au coucher du soleil.

La chaleur du soleil, très vive au printemps, éprouve certains malades qui perdent l'appétit ; de là nécessité pour eux de quitter le rivage en se transportant sur des points élevés. Les chloro-anémiques ne trouvent pas toujours un air assez vif.

Les fonctions cutanées se rétablissent et s'entretiennent chez les rhumatisants, les goutteux, les catarrheux et certains d'entre eux ont pris l'habitude de revenir tous les ans, ne supportant plus l'humidité froide du Nord. Les laryngites et les bronchites, même irritables, se trouveront mieux qu'à Nice. Enfin les phthisiques sont très nombreux et plus souvent soulagés. Leur présence ne contribue pas à la gaieté.

Les promenades pittoresques ne manquent pas aux environs : de la Croix, alt. 250 m., jolie échappée sur Menton et la mer. Val de Menton où éclate la riche végétation des ravins ; vallée du Careï jusqu'à Sospel. Des hauteurs de Castellar, vue plongeante sur les deux vallées. Là se voient pouddingues et grès relevés à 60 ou 70 degrés ; des amas de sable blanc jaunâtre. Le terrain de Mentone repose sur la mollasse marine. Dans les ravins

existent des amas d'argile rougeâtre où prospèrent
les oliviers ; ils demandent aussi une fumure bisan-
nuelle.

Ces promenades se feront plus fructueusement à
pied pour mieux étudier un terrain tourmenté. Les
paysans y sont d'un naturel assez doux ; ils parlent
un patois à demi italien.

LA CORNICHE ITALIENNE

La Corniche ou Rivière d'Italie fait suite à la Corniche française. Elle est beaucoup plus étendue et pourrait se diviser en trois groupes : Partie occidentale jusqu'à Alassio, partie nord autour de Gênes, partie orientale jusqu'à la Spezia.

La partie occidentale comprend les villes frontières de Bordighera, Ospedaleti, San Remo, un peu plus loin Alassio. Les plus voisines sont des lieux d'excursions qui se font promptement en chemin de fer, plus agréablement en voiture. Les voitures, prises à Menton, sont moins chères qu'à Monte-Carlo; celles de Bordighera encore plus modérées. Du reste les tramways font ces parcours à des prix très bas, ils ne sont pas toujours confortables. Chacun variera ses combinaisons, je recommande les voitures particulières qui permettent de bien voir et de s'arrêter.

Bordighera. — De Mentone, 17 kil., 2 heures; landau 24 francs, victoria 16 francs. Après avoir passé la frontière où les rochers rouges du pont Saint-Louis attirent l'attention et où se trouve la fameuse caverne de Menton, une montée raide conduit au petit poste de la douane italienne d'où la vue se développe jusqu'au cap *Nero*. Un peu plus bas arrêt pour visiter la villa *Mortola*.

La contrée change d'aspect : la côte s'abaisse, aux roches calcaires succèdent des masses argilo-sableuses mal assises ; terrain aride si ce n'est quelques vignes qui produisent le vin de Grimaldi et quelques oliviers dans les ravins ; peu d'habitations, point de villas.

La vue du haut de l'esplanade de Vintimiglia s'étend à la fois sur la côte française et italienne. La ville n'a rien à voir. Le torrent de la *Roya*, tantôt presque à sec et sableux, tantôt gonflé et roulant son eau jaune en un long sillon à travers la mer bleue. Le vent du nord, qui a passé sur les neiges des Alpes, est souvent glacial à cette embouchure. Plus loin un autre torrent, la *Nervia*.

Les poudingues pliocènes de ces régions sont semblables à ceux de Nice et de Roquebrune, semés de gros cailloux calcaires, cimentés de la même façon. Ils vont jusqu'à San Remo ; au nord de Bordighera ils atteignent une hauteur de plus de 1.200 m. Ils servent au pavage des routes.

Bordighera a une ancienne réputation ; elle s'est agrandie depuis une quinzaine d'années où les grands boulevards nouvellement tracés étaient solitaires. Les boutiques sont dans la rue Victor-Emmanuel longitudinale. Plus haut, la route des villas. Les hôtels principaux : *Angleterre*, *Iles-Britanniques*, *Lozeron*, *Bellevue* bien posté. Villas nombreuses.

Bordighera est encore au-dessous du 44°, exposée au S.-O., contrairement à la direction générale de la côte. Elle est entourée de montagnes boisées qui la protègent en partie des vents septentrionaux. Ce ne sont plus des collines basses et arides comme à Vintimiglia, mais des hauteurs couvertes d'oliviers et de pins.

Les villas *Bischoffsheim*, *Moreno*, Garnier ; plus loin le jardin *Winter* témoignent de la douceur du climat par leur végétation africaine ; elles méritent une visite détaillée. La culture des citronniers et des rosiers fait concurrence à Mentone. Les palmiers ne croissent pas seulement dans les villas abritées, mais bien en pleine campagne, véritable forêt qui s'aperçoit du chemin de fer ; dans le ravin de *Sasso*, ils sont serrés en pépinière. Cette perspective est plus saisissante que les plantations des boulevards.

La moyenne hibernale serait de 9 à 11° suivant les auteurs ; minima de 1 à 2, ce qui demanderait vérification ; température douce au printemps et à l'automne, modérée en été. Moyenne hygrom. 65-70 ; jours de pluie 40 à 50 ; hauteur de pluie 500 millimètres, vents peu violents plus fréquents à l'est, mistral atténué, souffle en mars. Ce climat posséderait donc quelques qualités sédatives favorables aux phthisiques ; autre Mentone.

Ospedaletti. — Après Bordighera recommencent les collines dénudées. Une carrière de calcaire bleuâtre et dur fournit des pierres de taille. La distance entre les deux villes est de 7 kilom.

Ville nouvelle où le Crédit Lyonnais a bâti, il y a une vingtaine d'années, l'hôtel et le casino. Ces deux édifices, vus au passage, font bonne figure. L'hôtel de *la Reine* est de construction élégante ; sa galerie, son vestibule et ses grandes chambres en font une maison confortable; prix 10 à 15 francs, loge 150 personnes. La pension suisse, à côté, est plus modeste. Les deux propriétaires ont leurs hôtels en Suisse l'été. Quelques maisons meublées. Le *Casino*, bel édifice à colonnade, mériterait une fréquentation plus suivie. Le *Corso regina Marghe-rita* est la promenade du bord de la mer.

L'exposition est S.-S.-O. ; le cercle de montagnes moins complet qu'à Bordighera ; le cap Nero à l'Est n'est qu'une faible protection. Quelques bois d'oliviers, en haut des pins ornent les coteaux. Les citronniers et les roses sont cultivés, moins qu'à Bordighera.

Trois ans d'observation d'Enderlin donnent pour l'hiver 10-11° ; minima au-dessus de 0. ; une seule chute de neige ; hygrométrie 60 à 65 0/0 et 40 jours de pluie en hiver ; vents S.-E. et S.-O, ; mistral faible. — Bonne eau potable prise à la montagne.

SAN REMO

San Remo est la principale ville d'hiver de la Corniche italienne. Elle a pris un grand développement depuis 1870 et la colonie étrangère y devient de plus en plus nombreuse. A 6 kilom. d'Ospedaletti, elle est encore voisine de nos Alpes Maritimes. La situation est favorable entre le cap *Nero* et le cap *Verde*, bordée de profonds ravins boisés et couronnée par des hauteurs que couvrent des bouquets d'oliviers et de pins. De la gare le tableau se dessine.

A peine débarqué, l'étranger a, vers sa droite et vers sa gauche, deux quartiers distincts : A l'est et plus à proximité les hôtels modestes, recherchés par les Allemands ; à l'ouest le quartier anglais plus distant et plus élevé, et les grands hôtels dont le prix moyen est de 12 à 15 francs. En premier l'*Hôtel royal*, sur une éminence, dont le jardin est orné de palmiers, de cactus, d'aloès et de fleurs ; les hôtels des *Anglais*, de *Londres*, des *Iles-Britanniques*, de *West End*, etc. De ce côté est une jolie promenade sur la mer avec un kiosque de musique. Les avenues nouvelles sont vers la partie nord. La rue Victor-Emmanuel, centre du mouvement et du commerce, s'étend en longueur de l'est à l'ouest.

Le côté du port, insuffisamment dégagé, n'a rien d'agréable. Là est l'établissement de bains de mer ; le sable est fin, sali par les eaux des ruisseaux ; temp. en décembre 14°.

Après avoir visité le palais *Borea*, il sera bon de monter par la vieille ville jusqu'à la *Madonna della Costa;* ascension d'une centaine de mètres par des rues étroites, sombres, à escaliers tortueux et des arceaux qui interceptent le jour. La vue est une compensation à ce labeur : Au N., collines verdoyantes ; au N.-O., ouverture par où passe le vent ; au S., la ville basse ; à l'E. et à l'O., ravins profonds. Du côté E., nombre de villas noyées dans la verdure des oliviers. L'exposition générale vers le rivage est S.-E.

La vue est plus grandiose au sommet du *Bignone* 1300 m. ; en arrière est la grande montagne souvent neigeuse en hiver. L'ascension demande 4 heures. L'excursion de la vallée de la *Taggia*, route de Gênes, se fait en voiture, ainsi qu'une partie de la vallée de la *Focé*.

Peut-être les chiffres relatifs aux facteurs du climat sont-ils un peu inexacts ; nous présentons ceux qui nous ont paru les plus modérés : Pression 760-762. Moyenne annuelle 16°; hibernale 11; vernale 18 : minima inférieurs à 0 rares. — Pluie rare l'été ; jours pluvieux par an 40 à 50, brouillards et neige rares. — Vents dominants O. et E., ce dernier assez vif ; mistral affaibli, N.-E. froid, variations atmosphériques modérées. Il existe une observatoire météorologique.

La végétation est luxuriante : palmiers et dattiers comme à Bordighera ; cultures savantes des citronniers et des fleurs à l'instar de Mentone ; eucalyptus de belle venue.

Les poudingues, avons-nous dit, s'étendent jusqu'à cette côte. Nous sommes sur l'éocène depuis la frontière. J'ai rencontré sur les collines les plus proches des amas de sables blancs.

San Remo peut se comparer à Mentone ou à Cannes pour la douceur du climat ; un peu plus tonique que Mentone. Les indications seront donc à peu près les mêmes pour le lymphatisme, la scrofule, les catarrhes chroniques, la phthisie. Mentone reste plus sédatif. La vie est assez tranquille, exempte des excitations dont il a été parlé plus haut.

Alassio. — La voie ferrée suit la côte : en premier lieu la vallée de Taggia, puis la ville importante de *Porta Maurizio; Oneglia* et la plage coquette de *Diana Marina* qui va devenir une ville d'hiver. Les palmiers ne sont pas rares dans la région.

Alassio, que je voyais à ses débuts quinze ans passés, m'a paru en progrès notable. La ville est toute en longueur, la rue principale suivant la direction ; elle est proprement bâtie. Les petites rues vont à la mer. La route de voiture fait le tour.

Le *Grand hôtel* se présente bien au centre de la plage ; sa façade et ses terrasses ont vue sur la mer. Intérieur : vaste salle à manger, grandes chambres pour 100 p., colonie étrangère ; pension 8 à 10 fr. A quelque distance, également sur la plage, l'hôtel *Victoria*, plus petit à persiennes bleues. Plusieurs villas perdues dans la verdure des coteaux.

Belle plage d'un kilomètre de long : exposition S.-E. ; pente douce, sable très fin. Le bain de mer est suivi pendant l'été où arrivent les Italiens.

Alassio est sous le 44° parallèle. Le cercle des hautes collines boisées présente quelques dépressions et va s'abaissant au S.-O. ; le N.-O. plus couvert ; le vent N.-E. arrive et le S.-E. marin.

La moyenne annuelle est de 16 ; l'hiver 9-10. Peu de pluie, quelques jours de brouillard. Le climat, bien qu'assez doux, est un peu excitant et tonique, d'où naissent les indications et contre-indications.

Albenga est à petite distance. *Finale* est réputé pour la culture de l'oranger. Cette partie de la côte ligurienne jouit encore de l'abri élevé dû à la jonction de l'Apennin avec les Hautes-Alpes.

LA RIVIÈRE DE GÊNES

Après Albenga le littoral change d'aspect : les sommets de la chaîne Apennine s'éloignent et s'abaissent ; la barrière des hautes Alpes n'a plus la même efficacité. Des plaines argileuses pliocènes succèdent aux schistes fortement inclinés d'Albenga. Ces plaines s'ouvrent fertiles et peuplées. Le port de Savone est le centre d'un grand mouvement commercial.

Loano et *Celle* commencent la série des hospices marins si nombreux sur les rives italiennes ; *Varazza* prend de l'importance comme bain de mer.

Nous n'indiquerons que les principales stations sanitaires dont Gênes est le centre et qui se rangent à droite et à gauche de la grande ville, on pourrait dire dans ses faubourgs, tant les deux rives se sont peuplées.

Gênes est placée sommet du golfe qu'elle domine ; où trouver une si belle clef de voûte. Sa position est presque unique ; c'est une des plus grandes villes de l'Italie et des plus vivantes. Déjà, en 1853, j'y trouvai une grande animation et bons hôtels. Que de progrès depuis quarante ans ! Les nouvelles voies et le boulevard de la circonvallation l'ont transformée ; tout le quartier de l'est s'est élevé par enchantement, et les petites localités des environs reliées entre elles ne sont plus que de longs faubourgs. N'oublions pas le nouveau port et le nouvel hôpital dus à la munificence de la famille Galliera.

Grandes ressources d'hôtels, de restaurants, de théâtres, de moyens de locomotion, sans rappeler les trésors artistiques des vieux palais de marbre. Ce sont là des conditions excellentes pour les étrangers campés dans les les petites villes des environs ; les distractions ne leur manquent pas.

En effet, Gênes n'est pas un séjour de malades. Au premier abord, à la vue de cette belle enceinte de montagnes qui l'entoure, on se prendrait à penser que l'abri est suffisant. Erreur, ce n'est là qu'une couronne pour le plaisir des yeux. Les vents du nord, mistral et *tramontana*, y font sentir leur souffle pénible, je l'affirme par expérience. En 94, fin mars, le N.-N.-E. souffla violemment durant plusieurs jours. Ils sont la cause des changements brusques de température qui expliquent la fréquence des maladies inflammatoires ; l'hôpital Pammatone, au printemps, m'a semblé aussi fourni à cet égard que ceux de Paris.

La statistique donne une température d'hiver assez élevée 8°. Ne pas oublier que les minima peuvent descendre à — 10° et même au-dessous ; auquel cas les orangers en plein champ disparaissent ainsi que les fleurs printanières trompées par un beau soleil d'hiver. Moyenne hygrométrique 80 ; hauteur de pluie 1.200 millimètres. En été, les vents septentrionaux ont l'heureux effet de tempérer la chaleur ; les jours de calme elle est très vive sur le port, en plein midi.

Côte de l'ouest. — Il est mieux de prendre une voiture, car les points d'arrêt sont nombreux. Jusqu'à Voltri, 15 kilomètres de voiture, 15 livres. La route du faubourg traverse la *piazza del principe*, station des tramvays, et monte au phare d'où se déroule le tableau du port, de la ville en amphithéâtre et des fortifications qui couronnent les montagnes. Vient après l'interminable faubourg de S. *Pietro d'Arena*, très peuplé, et le pont sur la *Scrivia*.

Le premier bain de mer est constitué par une longue plage en droite ligne : expositions S., pente prononcée ; cailloux calcaire gris à veines blanches, quelques-uns volumineux. Conditions imparfaites en vue de la balnéation. Puis un pont sur la *Polcevera*.

Cornigliano (villas Rachel, Serra et autres) présente une plage de deux kilomètres, expositions. S. pente plus douce, sable mêlé aux cailloux ; température en mars 1894, 13° ; en septembre 1875, elle était de 20° ; densité 1027 — bains de mer chauds — une grande ouverture du torrent laisse passer le vent du nord.

Sestri ponente. — Petite ville animée par les usines et ateliers de construction de gros navires. Longue plage S.-S.-O., à pente douce ; sable grossier et cailloux calcaires, quartzeux et serpentineux.

Pegli. — Station pour la villa *Palaviccini*, dont la montagne artificielle, les grottes, le labyrinthe, les marbres et les lambris dorés attirent les visiteurs. Plusieurs hôtels de bonne apparence ; pension 7-8 francs et vin ; ville d'hiver abritée en partie ; l'ouverture nord se recourbant à l'est. Plage plus petite, au S. sable et cailloux, température de la mer en mars 14°.

Voltri. — Sur la mer, joli jardin du *corso Galliera*. Plage longue au S., cailloux et sables de même nature. L'hospice marin est à 2 kilomètres. Grand bâtiment peint en rouge, façade S.-E., est protégé au N.-O. par un mur de rochers schisteux ; schistes micacés à veines quartzeuses.

En résumé plages caillouteuses, abri imparfait à cause du peu de hauteur des collines et des fissures des torrents.

Côté de l'est. — Encore un interminable faubourg après la sortie par la vieille porte. Le quartier est peu attrayant ; de grands ravins pittoresques ; des haies d'aloès couronnent les murs ; les maisons sont peintes en jaune et en rouge comme en Espagne.

Sturla est le premier bain de mer ; plage exposée au S., cailloux. Viennent après *Quarto* et *Quinto* quatrième et cinquième pierres milliaires des Romains. A Quarto un obélisque rappelle le départ de Garibaldi et des mille volontaires en 1860.

Quinto a un hôtel proprement tenu et une terrasse sur la mer ; séjour d'hiver assez bien abrité et de plus en plus fréquenté.

Nervi. — A 10 kilomètres de Gênes ; chemin de fer 30 minutes, trains nombreux — station nouvelle que j'ai vu inaugurer dans l'hiver de 1870 et qui a pris de l'importance depuis la visite de l'impératrice de Russie 1874-75. La présence du général de Molkte y a amené la colonie allemande. En février 1897, j'ai trouvé les hôtels pleins.

La ville est longée par la grande rue parallèle au rivage. De la place centrale part l'allée de la Marine plantée de palmiers et de citronniers ; maisons meublées.

Parmi les hôtels l'*Eden* est le plus grand et le mieux placé : grand vestibule, grands couloirs, large escalier ; salons et chambres à l'avenant, pour plus de cent personnes ; prix 10-15 francs ; bon service. Façade sur un immense jardin planté d'arbres verts donnant au S. sur la mer. Les malades peuvent faire de longues promenades sans sortir du domaine. Le *Grand Hôtel*, propriété du marquis *Grapallo*, a également de beaux jardins ; également de premier ordre et bien tenu ; plus central. L'hôtel *Victoria*, un peu moins grand, se présente bien avec sa galerie au S. Ensuite des maisons plus modestes. Des villas en pleine ville et sur les hauteurs ; beaucoup de familles préfèrent les villas.

La ville est défendue du nord par des collines où les maisons blanches tranchent sur le vert des oliviers. Le mont *Giogo* atteint 600 mètres, le mont *Fascio* 830. L'Observatoire S. *Ilario* est un but de promenade. L'exposition générale est S.-S.-O. Au bord de la mer est un petit sentier bordé d'une muraille ; les malades vont s'y asseoir au soleil.

Nervi est donc abrité du nord ; il l'est aussi de l'est par la pointe de *Porto-Fino*. J'ai pu m'assurer personnellement que la protection était efficace : parti de Gênes, en voiture, par un vent violent de tramontana, je l'ai vu s'adoucir à Quinto et se calmer entièrement aux approches de Nervi. Le mistral est assez rare, le S.-E. pluvieux.

Nous avons quelques travaux sur le climat par Thomas, Cazenave, Thilénius, etc. Moyenne d'hiver 9-10° ; humidité 70 % ; pluies abondantes. Mêmes plantes qu'à San Remo : aloès, agave ; palmiers, bananiers, bambous ; citronniers de haute venue.

Les habitants du Nord y viennent de plus en plus pour les maladies de poitrine. Il existe un *sanatorium* de tuberculeux. Les indications se rapprochent de celles de San Remo et Mentone. Vie de famille.

Après Nervi la voie ferrée, longeant le littoral, dessert les diverses stations qui nous intéressent. Je recommande néanmoins aux amis de la belle nature une course en voiture de Gênes à Santa-Margherita, distance 36 kilomètres ; voiture à deux chevaux aller et retour 35 francs ; longue journée.

La route suit d'abord la rive par *Bogliasco* devenu faubourg de Nervi et par *Sori* jusqu'à *Recco*, centre d'un grand commerce de citrons et d'olives ; les hauteurs sont peuplées d'oliviers. Le torrent de Recco traverse, le promontoire de Porto-Fino barre la mer et la route, monte pendant une heure et demie jusqu'au tunnel de la *Rota*. D'en haut vue grandiose d'un côté sur le golfe, de l'autre sur les hautes collines boisées et, plus loin, sur les crêtes denudées des Apennins, enfin sur les roches calcaires qui surplombent Chiavari. Durant une longue descente, par une route bien tracée à travers une vaste forêt continue jusqu'au rivage, les perspectives varient : le regard s'arrête sur la chapelle S. *Lorenzo* coquettement assise sur la pente, plonge ensuite sur Rapallo et S. Margherita au fond de la baie.

La masse rocheuse du promontoire qui sépare les deux baies voisines, ainsi franchie par un col de 600 mètres, rend compte de l'importance de cette barrière. Des schistes durs, d'un gris bleu, des calcaires à veines quartzeuses servent de pavage; ils sont éocènes.

Rapallo se présente d'abord : ville d'hiver et bain de mer, le boulevard a bon aspect, les rues étroites, mal tenues ; hôtel d'Europe, maisons garnies; peu d'animation. L'ouverture du torrent laisse passer le vent N.-O. Rapallo, vu de la mer, produit bon effet ; la baie se dessine agréablement à l'œil.

S. Margherita est à 3 kilom. de distance, la route retournant sur elle-même y aboutit par une allée de chênes verts, le long de la mer. Grand village à arcades et rues mal entretenues ; l'aspect intérieur n'a rien de plaisant. Le *Grand hôtel*, bien perché sur un mamelon, serait la meilleure résidence s'il n'était entièrement occupé par le prince de Prusse. L'hôtel de Bellevue, voisin de la plage, est bordé par une route poussiéreuse ; il loge une centaine de clients. Je l'ai trouvé à moitié désert et le médecin allemand m'a fait ses doléances sur le peu de malades ; les maisons garnies sont défectueuses.

La plage tournée au S.-E., trop encombrée de matériaux divers, est plus caillouteuse que sableuse ; temp. de la mer 14° le 10 février. Promenades limitées ; pour trouver l'ombre il faut monter vers la grande forêt où manquent les allées.

Cependant la nature a fait beaucoup pour cette baie, si bien abritée par la montagne, si bien entourée d'une épaisse forêt. L'industrie humaine a presque tout à créer.

Ces deux stations sont trop nouvelles pour avoir une histoire ; bien aménagées elles auraient un riant avenir. Certaines brochures trop élogieuses ont escompté cet avenir.

Poursuivant vers la Spezia vous passez par *Chiavari*, *Sestri Levante* qui a un hospice marin et *Levanto* bain de mer fréquenté.

De Sestrijolie route de montagne jusqu'à la Spezia par *Mortarana*, la chapelle S. *Roverano*, la *Borghaccia* (bonne auberge), la *Foccia* d'où la vue embrasse le golfe. Sur le parcours, bois de châtaigniers, échantillons de micaschistes et de serpentine.

LA SPEZIA

La Spezia est à la fois une grande ville (30 à 40.000 âmes), un port militaire de premier ordre, une station d'hiver et un bain de mer. Déjà célèbre au temps de Strabon, très appréciée par Napoléon qui y commença d'importants travaux, lesquels furent activement menés après 1860, elle a pris, depuis 1870, un développement énorme. A l'arsenal sont attachés 8.000 ouvriers dont les familles peuplent les villages de la côte ; cité ouvrière près la gare.

La gare est au nord de la ville et la rue qui en descend la parcourt dans sa longueur jusqu'au port. La place V.-Emmanuel et le jardin, planté de jeunes arbres, forment une agréable promenade ; c'est un terrain gagné sur la mer. Là sont le beau quartier des étrangers et des hôtels : plusieurs sous les arcades de la rue *Chiodo*, entre autres l'*Italie* fréquenté par les officiers et bon quoique modéré ; la *Croix de Malte* dont les murs rouges attirent l'œil, belle construction donnant sur la mer ; grand vestibule, escalier à double rampe ; recherché des Anglais qui y étaient déjà nombreux, lors de mon passage, janvier 1870.

L'Arsenal, situé à l'ouest au pied de rochers calcaires abrupts, se visite avec une permission. A l'entrée la statue de Chiodo, belle pose. Les cuirassés de l'escadre, la *Sardegna* particulièrement, méritent aussi une visite. Le tour de la circonvallation permet d'embrasser, d'un coup d'œil d'ensemble, la ville, l'arsenal, le port et la rade, et les anses multiples du golfe.

Plusieurs ports se succèdent dont un nouveau en construction. L'établissement de bains est plus au levant : vaste construction en bois, sur pilotis, ayant une centaine de cabines et des escaliers descendant à la mer ; un grand salon et un pavillon en saillie. La plage S. E., en pente faible ; sable fin, un peu argileux et mêlé d'herbes marines ; au voisinage quelques rochers. Beaucoup de monde l'été. Les Italiens ne prolongent pas la saison ; en 1875 dans la seconde quinzaine de septembre, nous n'étions que des étrangers.

La Spezia est un des meilleurs séjours d'hiver. Du haut des ruines il est facile de voir le cercle de montagnes qui l'enveloppe ; du côté de l'est ce n'est plus qu'une colline et la garantie est moindre.

Les principaux traits de la climatologie sont relatés dans les articles d'*Oldoni* ; à l'arsenal se retrouvent de plus anciennes observations. La Spezia est à peu près sous le 44ᵉ parallèle et fait le pendant d'Alassio. Pression 745 à 785, d'où une variation de 4 centim. Moyenne d'hiver 9° ; thermomètre généralement au-dessus de zéro.

En 1870 et 79, minimum de — 5°. Pluies abondantes au printemps et en automne ; humidité des parties basses ; neige rare. Vents affaiblis et périodes calmes ; cependant des bourrasques brusques tourmentent le golfe ; j'en essuyai une assez forte, le 22 avril, au retour de Porto Venere ; la neige tombait sur l'Apennin. Le N.-O. est moins fort qu'en Provence ; le N.-E., *Greco*, est assez froid, quelquefois neigeux ; le S.-O., *libeccio*, apporte la pluie ; le S., *sirocco*, répand la chaleur dans le golfe.

Le degré hydrotimétrique des eaux potables varie, dit-on, de 10 à 18 ; j'ai trouvé 16 à 18 degrés thermométriques aux fontaines, c'est-à-dire un peu plus que la moyenne du lieu ; le 22 avril 94 la température du golfe fut partout de 15° ; s'éleva à 15,5 par vent S.-O.

En 1875 je vérifiai la présence d'une source d'eau douce en plein golfe près *Casadimare :* une gerbe abondante soulevait la barque et donnait 23° ; c'était en septembre et la mer approchait de ce degré ; le fond était de 20 mètres. Cette source curieuse a disparu à la suite de travaux du port, ce qui ne l'empêche pas d'être toujours indiquée dans les livres.

L'éminent géologue Capellini a mis hors de doute la formation récente du sol de la ville par des atterrissements successifs, et cela depuis l'âge historique. L'industrie humaine continue l'œuvre de la nature.

La tournée du golfe, en barque à deux rameurs, se fait en 5 ou 6 heures et arrêts ; plus instructive que les trajets en bateaux à vapeur. Le golfe est enserré par deux prolongements de l'Apennin dirigés N.-O-S.-E., en sorte qu'il s'ouvre au S.-E., contrairement à la direction générale de la côte orientale. La saillie occidentale sépare le golfe de la mer et la saillie orientale l'isole de la plaine de la Magra ; *Porto Venere* et *Punta Bianca* sont les extrémités. Plusieurs villages animent le pourtour. Ce golfe est une rade immense limitée par deux énormes digues naturelles où les flottes réunies de l'Europe se trouveraient à l'aise. L'entrée, trop large au point de vue de la défense, est barrée par de gros blocs de pierre, de façon à ne laisser qu'un chenal. Une cinquantaine de forts circonscrivent la rade ; l'énorme pièce de canon dite Margherita n'est là que pour la montre. Un ancien fort date de Napoléon.

San Terenzo est la plage préférée à juste titre. Le bateau suit la côte orientale passant devant S. *Bar-*

tolomeo où est la fonderie des minéraux de la Sardaigne (galène argentifère) ; il entre dans un petit golfe terminé par la pointe de *Lerici*. Alors apparaissent les deux châteaux anciens et les villas dans les bois de chênes verts. La plage, tournée au S. dont le sable est fin et sans vase, est plus attrayante que celle du port. Plusieurs établissements de bains. La route de Lerici, en plein midi, offre un abri des plus complets. Roches calcaires et schisteuses.

A la pointe opposée est *Porto Venere* ; une heure de mer le sépare de S. Terenzo. Restaurant pour le déjeuner et petite plage. Là est la villa de Cappellini qui a tant exploré cette région et qui en a déterminé les caractères géologiques.

L'île de *Palmaria* est séparée de Porto Venere par un mince bras de mer ; couronnée de fortifications et flanquée d'une vieille tour que baignent les vagues, elle laisse voir de belles sections de roches marmoréennes et une caverne préhistorique. De là vient ce beau calcaire noir à veines jaunes, marbre de *Portoro* qui se tire aussi de l'île de *Tino*.

A Porto Venere, la vieille église perchée sur le roc grandit l'effet du paysage. La grotte renferme un calcaire noir marmoréen, à veines blanches quartzeuses. Calcaire liasique ainsi que les schistes voisins. De ces hauteurs se déroulent à l'ouest les *Cinque terre* : au loin les masses argileuses du *Macigno* et les grès durs de la *Pietra Serena* appartenant à l'éocène. De l'éocène jusqu'à l'infralias des calcaires et des schistes se sont métamorphosés en jaspes (*diaspri*). Les grès sont souvent micacés et manganésiens. Dans cette région peuvent s'étudier les fossiles de l'éocène, du crétacé, du jurassique et du lias ; sur le port s'étalent les blocs de Porto Venere, de Portoro et les blocs serpentineux et porphyroïdes de l'Apennin.

Cela dit, je ne cacherai pas la haute estime que m'inspire la Spezia en tant que séjour d'hiver. Le parallèle avec Toulon se présente naturellement. Ce sont les deux grands ports militaires de la Méditerranée. Toulon est plus grand, plus mouvementé, en même temps plus méridional ; la Spezia est mieux abritée, mieux installée pour l'étranger dans la zone maritime, plus proprement tenue, ce qui ne gâte rien.

Nous pourrions nous arrêter ici ; quel inconvénient peut-il y avoir à pousser jusqu'à Pise ?

La côte n'a plus de stations d'hiver : en premier lieu, s'ouvre la plaine de la Magra ; de la station d'*Avenza* se voient les profondes entailles des carrières de Carrare. Il n'est pas sans intérêt d'entrer dans ces cavités d'où sort le marbre statuaire rival de Paros.

Viareggio s'est considérablement agrandi : grande place bordée d'hôtels donnant sur la mer ; bel établissement de bains de mer sur pilotis avec casino-restaurant, hospice marin le plus ancien, fondé par le docteur *Barellaï* en 1856. Je me suis assuré, en 1875, de la parfaite installation ; il abritait 300 enfants. Plage au S.-O. étendue, de sable fin, à pente moyenne. Protection des *Alpi Apuane* et des forêts de pins. Un des grands bains de mer du rivage italien.

Pise. — Ville déchue de son antique grandeur ; de 150.000 elle est tombée à 30.000 âmes. Ses flottes ne sont plus qu'un souvenir. Son université, l'une des plus anciennes, puisqu'elle date du xıı^e siècle, n'a plus que 6 à 800 étudiants ; il y en avait plus du double en 1852, époque de ma première visite. Le vieux bâtiment rappelle les vieux souvenirs.

Les trains du Nord, allant à Rome et à Naples, passent par Pise, correspondant avec Florence. La gare est au S. partie la plus vivante, et l'Arno sépare la partie nord plus déserte, mais embellie par les monuments.

Sur le quai *lungo l'Arno* et au centre de la courbe du fleuve sont les hôtels principaux : *Grand hôtel* et *Victoria* excellentes maisons, de prix modérés. A côté les cafés principaux. Cette partie prend le nom de *lungo l'Arno regio*, promenade des étrangers.

Le mouvement est de moins en moins grand depuis la facilité des communications qui permet aux étrangers de s'arrêter entre deux trains ou de venir de Florence aller et retour. La visite des quatre monuments et de la délicieuse chapelle de *S. Maria della spina* ne demande que quelques heures.

Les observations sur le climat manquent de précision. La ville est au-dessous du 44° degré à peu près comme Nice et Monaco. Du haut de la tour penchée, elle apparaît au milieu d'une plaine fertile, éloignée de quelques lieues de la mer et des montagnes. Les chaînes secondaires de l'Apennin courent du N.-O. au S.-E. ; au N.-E., les plus proches sont les *Monti Pisani* ; les *Alpi Apuane* sont au delà de *Lucca* ; Pise n'est donc couverte que d'un côté de l'horizon, celui des vents froids. La plaine est ouverte aux vents du S., de l'O., du S.-E. et du S.-O., chauds et pluvieux.

Il est nécessaire de mentionner l'abri spécial du quai lungo l'Arno en plein midi, et formant une sorte de *Crescent*, disposition si générale en Angleterre. Le vent du nord est arrêté par ce cercle de bâtiments.

La moyenne annuelle se rapporte à l'isotherme de 15° ; la moyenne d'hiver 7 ou 8 suivant les auteurs ; minima de janvier, — 6 , minimum de l'hiver 1863-64 également — 6. Les différences sont sensibles entre le jour et la nuit, souvent à zéro après une journée chaude.

L'humidité est la caractéristique du climat : environ 120 jours de pluie. Le chiffre de 1400 mm. de Piazzini paraît exagéré ; la hauteur dépasse un mètre. La moyenne hygrom. de tout l'hiver est de 80 %. Les jours de soleil, aucune humidité lungo l'Arno ; elle se retrouve dans les petites rues. En général l'air est doux et calme, trop énervant ; au printemps moins de vents aigres qu'ailleurs.

De ces conditions il était résulté une grande réputation de la cité pisane. Les maladies des voies respiratoires caractérisées par l'irritation, la phtisie en particulier, y trouvaient la sédation comme à Venise et Pau. Les Anglais y venaient beaucoup et s'ajoutaient à la clientèle toscane et lombarde. Cependant Clark, Helfft de Berlin et autres avaient depuis longtemps signalé les effets déprimants sur les tuberculeux anémiés ou débilités, lesquels s'éteignaient promptement. Ainsi mourut la princesse Marie d'Orléans, cette charmante artiste dont le souvenir vit encore dans le pays.

En ce temps Nervi, S. Remo n'existaient pas ; aujourd'hui le vent a tourné et les villes continentales de Pise et de Rome sont délaissées.

Bocca d'Arno. — Bains de mer pour les Pisans ; à 12 kilomètre, une heure de voiture, par une route plate bordée de platanes le long de la rivière. L'Arno s'élargit et vient déboucher à travers les dunes ; elles sont semées de genévriers, de roseaux marins, de carex, d'euphorbes et plantes grasses marines, quelques bouquets de *pinus maritima*.

La plage orientée O.-S.-O. est longue, à pente assez rapide. Le sable quarzeux est très fin et mouvant. L'établissement de bains repose sur pilotis. En été, grand mouvement de tramways et de *vaporetti*.

L'hospice marin, créé il y a une vingtaine d'années, se compose de deux grands bâtiments dont un pour les femmes anémiques. De bonnes chambres particulières reçoivent les malades payants. Le comité pisan entretient les indigents, environ 200. Grande pharmacie ; médecins et chirurgiens de Pise. Le village est sur une route poudreuse, macadam calcaire).

Je ne saurais quitter ce coin de la Toscane sans rappeler sa richesse en eaux minérales et la bonne installation des bains commencée par les grands-ducs de Toscane. Qu'il suffise de nommer *Monte-Catini*, le Vichy de l'Italie, *Bagni di Lucca*, S. *Giuliano* et *Casciana*.

Florence, sous la même latitude, n'est point une ville d'hiver à cause des oscillations de température, les maxima ayant atteint 40 et les minima — 10 ; différence 50°. Si j'ai vu de charmantes journées d'hiver à la promenade des Cascines, j'ai constaté des matinées et des nuits froides et les neiges de l'Apennin. La colline de *Fiesole*, plus abritée, possède seule une végétation méridionale; même remarque dans les creux du val de *Nievole*.

Sienne, plus au sud mais élevée de plus de 300 mètres, est un climat également continental; encore plus froid l'hiver.

Mer Adriatique. — Ses rives présentent des conditions entièrement différentes du littoral méditerranéen occidental : point d'abri contre les vents du nord et de l'est; températures extrêmes de l'hiver et de l'été ; ciel moins pur en hiver, etc. Les villes d'hiver sont au fond du golfe.

Venise jouit d'une ancienne réputation ; aujour-d'hui un peu délaissée. Cazenave, Carrière, Sigmund et nombre d'auteurs ont écrit sur ce sujet et les observations météorologiques n'ont pas manqué déjà sous la domination autrichienne.

La ville, bâtie dans une île, a toujours le même aspect à part les quartiers neufs vers la gare et le jardin public. Les petits vapeurs, *vaporetti*, qui vont incessamment d'un bout à l'autre ont porté tort aux gondoles. Grand nombre d'hôtels et de maisons garnies ; vie matérielle facile. Plus de touristes que de malades.

Venise est notablement plus au nord que les villes du golfe de Gênes ; au-dessus de 45°, latitude de Grenoble, un peu plus au Nord que Bordeaux. Les Alpes ne sont qu'un abri lointain et imparfait; c'est pourquoi le vent du nord (*Bora*) se fait sentir. Le sirocco chaud et humide est très pénible en été, je l'ai trouvé assez désagréable même en octobre. En général, les vents ne sont pas violents.

La moyenne de l'année n'est que de 13°; hiver

3, 5, à peu près le chiffre de Paris. Les oscillations thermométriques sont moindres que dans les localités continentales ; néanmoins le thermomètre est descendu à —10 l'hiver 1863-64. De 1873-1880 l'Observatoire donne, pour l'année, 14 ; pour l'hiver 4, 2 ; maximum d'été 35. Notons que ce degré est intolérable vu l'humidité de la lagune — hygrométrie 85 % ; hauteur de pluie 900 millimètres ; jours de pluie 75 à 80 dont 45 à 50 en hiver.

L'humidité est donc le caractère principal du climat, ce qui n'est pas étonnant dans une île. Le brouillard du matin n'est pas rare ainsi que je l'ai constaté en décembre 1852, en suivant la visite de l'hôpital ; il est vrai que le soleil le dissipe. Il y eut alors plusieurs belles journées entre autres Noël qui fut suivi d'une nuit délicieuse, la foule remplissant la place S.-Marc. Le vent du sud amène parfois de la brume qui trouble le ciel. Nous trouvons ici quelque analogie avec Pise et Pau.

Les invalides qui redoutent le froid et le vent devront choisir les meilleurs abris : le quai des Esclavons, ancien hôtel *Danieli, Grande-Bretagne ;* l'entrée du canal Grande, *Grand Hotel, Britannia, Europe, Luna ;* ils regardent le midi. Les meilleurs lieux de promenade sont le quai des Esclavons, la place Saint-Marc, plus loin le jardin public ; hors la ville le Lido et les îles.

Les catarrhes secs, les phthisies irritables bénéficieront de la rareté des vents aigres et de l'humidité habituelle de l'air, les nerveux du calme d'une ville sans voitures et sans poussière. Mauvais séjour pour les catarrhes humides, les dyspepsies atoniques et les troubles intestinaux. Le ciel de Venise, trop poétisé, est énervant et à l'époque des saignées répétées on s'apercevait qu'elles réussissaient moins qu'à Milan et à Turin: fait que j'ai vérifié à ces diverses cliniques.

Les temps de calme ont le grand inconvénient des émanations miasmatiques de la lagune et des canaux étroits. Les malades devront éviter, à tout prix, l'habitation de ces ruelles froides, humides et odorantes où la hauteur des édifices arrête le soleil et où surnagent trop souvent de petits amas de détritus organiques. La lagune peu profonde est pleine d'herbes et d'îlots vaseux.

L'eau potable, qui a été l'objet de tant de critiques, m'a donné, tout récemment 30° hydrotimétrique; ce qui touche à la limite hygiénique.

La température de la mer au canal Grande était, le 1ᵉʳ septembre 1875, de 22°; le 15 mai 1892, de 19-20° entre le quai et l'église Saint-Georges. Densité 1017.

Lido. — Bain de mer des Vénitiens déjà assez ancien. En 1873, le mouvement était considérable ; ces années passées, il y avait foule. Les vaporetti y vont en 15 minutes et correspondent aux tramways qui traversent jusqu'à la plage, au milieu de grands arbres. L'établissement, un des plus vastes de la péninsule, a salon de musique, café-restaurant, terrasses sur la mer. Le dimanche, c'est une cohue.

Près de 500 cabines dont quelques-unes pour bains de mer chauds. La plage très longue, tournée à l'est, a une pente un peu faible ; le sable fin est quelque peu coquillier et vaseux. La marée du fond de l'Adriatique peut atteindre un mètre ; est-elle basse, la vase et les herbes restent à découvert. La mer est rarement agitée. Saison mai à octobre. Grand hôpital pour 300 scrofuleux. Il y a un autre établissement à Pellestrina.

Reste à parler de deux villes au fond du golfe.

Goritz assez loin du littoral où prospérait autrefois la ville romaine d'Aquilée ; incomplètement couverte par les Alpes Juliennes ; située presque sous le 46°, c'est-à-dire très au nord de l'Italie. L'hiver est froid à l'égal de Venise, 3 à 4° ; l'air plus sec.

Abbazia, au fond du golfe de *Fiume*, est de création nouvelle. Conditions analogues, sauf l'air plus marin. Bain de mer suivi.

Il n'est pas étonnant de voir se créer de nouveaux séjours d'hiver dans ces contrées assez froides. Montreux en Suisse et Meran dans le Tyrol avaient donné l'exemple.

TABLE

Paris. — Imprimerie F. Levé, 17, rue Cassette.